HEART
心視野

HEART
心|視野

年屆四十中年迷路

不安是人生課題未解，
重新盤點現狀，
找到最值得努力與陪伴的事

姜善英 著
鄭筱穎 譯

目錄 Contents

CHAPTER TWO

四十歲，重新檢視自我

CHAPTER THREE

四十歲，想好好再愛一次

CHAPTER FOUR

四十歲，珍惜身旁的人

CHAPTER FIVE

四十歲，我走的路是對的嗎？

CHAPTER SIX

四十歲，人生下半場怎麼過？

CHAPTER SEVEN

四十歲，當健康與容貌不再

推薦序

讓你的四十歲散發淡淡珍珠光澤

——臨床心理師、作家　李郁琳

你想過四十歲的自己是什麼樣子嗎？

高中時期我曾經和姐姐討論到，如果可以選擇，希望能活到幾歲？我記得我那時候的答案是三十歲，原因不外乎是不想看到自己變老、變醜的模樣，想讓一切停留在青春正盛的樣貌。

時光荏苒，我早已過了當初設定的年紀。年輕時不想長壽，在意的是外表的衰老，如今已經可以坦然面對，因為增長的不只是年歲，還有智慧。

作者說，四十歲是人生的「第二次青春期」，這時期的轉變不只是生理上的轉變，更重要的是內心的轉變，過程中，我們一樣會感到不安，但迷惘、困惑並不丟臉……

作者以時間軸為基底，幫我們一步一步描繪了四十歲以後的多重樣貌。四十歲以後的煩惱、四十歲以後的自我檢視、四十歲以後的愛情、四十歲以後的離別、四十歲以後對成功的定義及四十歲以後怎樣才是真樂活？每一篇章的案例與解析都能引領我們細細思考。

一般人會想，如果能活到八十歲，那麼，年過四十歲的自己，已經來到人生下半場，此時的我們，還能有夢想，還能做自己，還能勇敢愛嗎？作者說：「此時此刻的你，就是最美好的你，感到痛苦或不安時，就放慢腳步，回歸內心，再重新鼓起勇氣面對未來。就算四十歲了也沒什麼好怕的，你，還有很多時間。」

「活在當下的每一刻，每一個當下，都是在創造未來。」

我們不必對過去感到懊悔，也不用煩惱未知的未來，只有活在當下，才能觸碰到真實。即便現在的你，可能不是二十歲時心中理想的樣子，但也就是這些不同的人生經歷，才造就現在的你。

四十歲以後，人生的難題不會再有人給我們答案，要靠自己解題，不同的答案通往不同的路徑，如何作答要靠自己體悟。每一段經歷都不會白費，它都蘊含著人生的真義。

當身邊的人來來去去，唯有陪伴走過四十個年頭的自己一直在身邊，它值得你的一句「謝謝」！而接下來的第二人生，也要從這裡和自己幸福的再出發。

你不必像鑽石璀璨耀眼，能散發淡淡的珍珠光澤也很好。你就是你，獨一無二，希望你也能喜歡現在的自己！

推薦序

迎接你的第二次青春期

——「心理師與女人聊心室」心理師　黃惠萱

很多來晤談的人都覺得自己沒什麼青春期，因為一直被動地走在安排好的成長道路上，十幾二十歲時沒有機會好好探索，然後為自己決定，所以三十歲的時候害怕長大，害怕做錯決定，害怕承擔莫名的責任，最後迎來的是，迷惘不知所求和所愛的四十歲。

那些該探索、該冒險、該嘗試、以及渴望被圓滿的事物，總會在人生的某個階段再次浮現，四十歲就是很好的時間點。

給過去的「失落」再一次機會

四十二歲焦慮的小陳，叨念著給國小兒子安排課程的煩惱，我聽他排滿滿的時間表，擔心他把自己跟兒子弄得焦慮又沒自信，我問他：「你現在發展的不錯，是因為以前家人幫你這樣規劃嗎？所以你才想讓兒子也得到這些照顧？」

他靜默許久，搖搖頭說：「小時候我什麼都想學，但家裡沒錢不能學。」

我們可以想想，現在給孩子的是不是那些你過去得不到的呢？所以你很執著，即使孩子不適合，還是希望他堅持且感恩。

有一位媽媽跟青春期女兒為了鋼琴課大吵，媽媽氣著對我說：「她居然回我，想學你自己去學！」我想一想回她：「有道理喔！也許真正想學的是你，你會好好珍惜。」後來這位媽媽為自己請了鋼琴老師，了卻了多年心願，不再用女兒的學習來彌補自己成長遺憾。

未來的路就在腳下

邁入四十歲的迷惘，需要找到信心跟未來方向，信心是從對自己的觀察和了解而來，所以要回顧過去自己做得好，做得快樂的事情，方向來自實際生活的調整，然後加一點點想像跟冒險。

《年屆四十，中年迷路》這本書的作者是位韓國心理師，針對四十歲二次青春期提出許多觀察與建議，其中一項心靈處方箋就是寫「自傳」，從幼年期、兒童期、國高中、大學、剛出社會、以及步入中年，回顧並寫下重要的事件與感觸，這是我在晤談室裡會協助對方做的事，從自己身上了解自己，因為未來不在遠方，是在你的腳下。

迎接人生第二次的青春期，問一問自己，生活中哪些美好值得你花更多時間悉心經營？生命裡那些不可避免的遺憾與傷痛是不是可以放下了？那些飄過腦海的靈感和創意你準備好去實踐了嗎？

推薦序

瞄準人生的中線，輕輕劃上一刀

——臨床心理師、作家　劉仲彬

若能活到八十歲，往人生中間劃一刀，現在的我，就站在切口旁。

四十歲的切口，就像一條折返跑的中線。四十歲之前，時間追著我跑，四十歲之後，我追著時間跑。為什麼？因為通過中線，原地繞了半圈之後，才發現時間不太夠用。那些還沒兌現的承諾、還沒到達的地標、還沒結清的房貸，一夕之間通通醒過來，蜂擁而上，擠進人生的下半場。

一想到這，我終於明白，為什麼人類的四十歲生日都過得不太開心，因為那不是一場慶典，而是一次年中結算。看著手上的清單，哪一格該打勾，哪幾條該增刪，哪一頁你打算偷偷跳過，全都無所遁形。可怕的是，這一輪考察沒有會計在身邊追帳，因為你就是自己的會計，年過四十之後，人會不自覺地盯著旁人頭頂上的數字，然後朝自己追帳。你的注意力不是用來經營生活，而是拿來計算與周圍的差距，於是在過濾掉人生的加號之後，才發現要補的坑始終填不滿，想要的永遠得不到，每走一步，都在拉大與世界的間距，人生只能不斷往內縮。二十年過去，你從社會的邊緣起步，一路摸索遊戲規則，從跌跌撞撞到輕車熟路，理應從容信步的歲數，最後卻活成了動搖的年紀。

為什麼，因為你總是忍不住比較，既然愛比，那大家就來一次比個夠。

作者姜善英擁有豐富的諮商經驗，在本書中，她將四十年的人生濃縮成一張清單，拆分成七個子題，包括：中年危機、自我、愛情、人際、夢想、事業以及健康。每個子題都有充足的對應案例，有人覺得自己至今一事無成，有人還在為卡位奮不顧身，有人終其一生都無法與父親和解，有人離了幾次婚卻依舊對愛認真。這些人雖然遠在千里之外，但人性跨越國境，形形色色的四十歲，就像一片閃爍的燈海，置身其中，你不會是唯一迷惘的人。

作者提供這些故事，不是讓你拿來比慘取暖，而是建立一道光譜，讓你知道自己的「相對位置」。因為很多時候，人在四十歲裡迷航，不是導航晶片出了差錯，而是缺乏參考座標。

每個子題的結尾處，作者都會附上一張心靈處方箋，為四十歲的人生提供一些方向。跟年中結算單不同，它的用意不在確認，而是提問。提問的目的在於停止比較，將目光移回自己身上，好好進行一次體檢。靜下心，將人生的上半場掃描一輪，若能重新發現自己的價值，明白今後該往哪個方向走，即便無法飛黃騰達，起碼也能宣告「不惑」。

上半場調整戰術，下半場決定勝負，球場以外，人生亦復如是。

各界好評

四十歲是孤單的年紀，外表或許光鮮亮麗，甚至小有成就，但只有我們自己知道，在開始花白的腦袋底下的靈魂，仍時常和年輕時一樣，有許多掙扎困惑，此時不妨看看本書，幫助自己整理內心，並迎接人生下半場。

——今年四十歲的臨床心理師　方格正

老二滿七歲上小學後，我一直在煩惱自己接下來的人生該怎麼活？好幾年來都睡不好。和我同年齡的媽媽，大家似乎都很努力追求自己的第二人生，不是考證照，就是到處上課、聽演講，只有我對未來還沒有明確方向。過去十四年來，我的人生都是圍繞著孩子轉，根本沒有自己的時間。在孩子長大後，我在社會上還能找到立足點嗎？作者的文字，神奇的具有療癒的力量，帶給我實際的方法，也為我帶來安慰。

——yes 24　女性讀者

作者序

四十歲是值得祝福的年紀

二十幾歲時，我曾對「四十歲」有過幻想。

應該說，是幻想自己四十歲時的樣子。當時心裡很不安，所以總想著四十歲後，一切就能有所不同。

但等真的到了四十歲，我卻還是一樣迷惘，經歷許多挫折，也看見自己的脆弱。努力追求夢想，卻也為此感到疲乏，覺得自己一事無成。四十歲的我，根本不是二十歲時想像的那個樣子。

人們對四十歲總有許多幻想，認為四十歲應該是開花結果的年紀。就像「少壯不努力，老大徒傷悲」這句話，似乎也暗示了年輕時的努力，是為了讓後半輩子好過些。

然而時代不同，很多人的四十歲仍是一片混亂，我亦是如此。

隨著「四十歲」的到來，恐懼、焦慮、絕望、荒廢青春的罪惡感竟也一併席捲而來。從來沒有人告訴我，四十歲原來是這樣的。等到我發現時，那已經是很後來的事了。

當時的我，突然間似乎失去了對生命的堅強意志和希望，我發現不管是三十歲、四十歲、五十歲，生活一樣有許多難題要面對，並不會隨著年紀增長而減少。人生就是一連串不完美過程的延續，沒有絕對的幸福，也沒有絕對的痛苦。

不會因為到了某個特定的年紀，生活就會變得更困難或更容易。不管在哪個年紀，都有不同的考驗要面對，無論活到幾歲，我們都還是一樣會受傷、會難過、也會感到孤獨。

那麼，在漫長的人生中，「四十歲」難道一點特別的意義也沒有嗎？

當然不是。四十歲之所以被稱為是「人生的第二次青春期」，就表示這個年紀的大人跟青春期的少年一樣，會對未來感到迷惘。四十歲顯然有它的課題存在，正如同生命中的每個當下。

四十歲的煩惱，是人生過了一半的我們獨有的特權，我想你或許已經知道為什麼了，因為步入四十歲後，我們會回頭檢視過去，也會開始規劃往後的人生。四十歲的煩惱，可以說一點也不簡單。

年輕時，你想像四十歲的你，是什麼樣子呢？你對四十歲有什麼期許？現在的你，成為理想中的自己了嗎？

如果是，恭喜你！如果不是，那也無妨。四十歲的人生，或許根本還走不到人生的一半。步入四十歲後，如果感到迷惘，就趁這個機會，好好釐清煩惱背後的意義。只要和過去一樣，依然對自己充滿自信，相信自己就好。

以某種意義來說，四十歲前，我們已經歷過人生許多風波，如今隨著年齡的增長，四十歲過後所要面對的考驗，只會越來越多。四十歲是值得祝福的年紀，也有更多未知的挑戰。面對未完待續的人生篇章，必須做好萬全的準備。

人生百歲時代來臨，四十歲不再是不惑之年，也不必力求不惑。不需要太過焦慮，只要在揮別過去、迎向未來的同時，稍微駐足停下腳步，為嶄新的生活做好準備。在前方等著你的，是燦爛的第二人生！

CHAPTER
ONE

四十歲，
真的是不惑之年嗎？

四十歲是人生的「第二次青春期」，
這時期的轉變不是身體，而是內心。
過程中，一樣會感到不安。
不要抗拒心中的困惑，迷惘並不丟臉，
步入中年後，如果對一切事情「無感」，
那才是最危險的。

不惑之年卻更困惑？

剛過完四十歲生日的L先生，陷入中年焦慮。他每天像機器一樣工作，但在工作上卻沒什麼特別成就，對未來也毫無規劃，他對這樣的自己感到很失望，卻忍不住和朋友比較，比誰的職位高？誰的薪水多？聽到朋友在科技業「錢」途一片光明；在聚餐時，炫耀自己送孩子出國留學……他就覺得自己的人生很失敗。

好像所有人都比自己成功，比自己有錢。他的焦慮感越來越嚴重，不只是對金錢擔憂，對未來也很徬徨，不知道接下來該怎麼走，他就像十幾歲時一樣迷惘。

十多歲是作夢的年紀，二、三十歲是追夢的時期。回頭看年輕時的自己，無論是十歲、二十歲、三十歲，那時的我們，即使對未來迷惘，卻還是充滿熱情勇往直衝，這就是青春。

就像高中時會嚮往大學生活，二、三十歲時也會認為步入中年後，那些迷惘的問題就會有所改變。我們在心中描繪著未來的自己，想要變得更加成熟幹練。我們以為十幾歲時播下的種子，經過努力耕耘後，四十歲應該是「收成」的年紀，生活各方面也會趨於穩定。

然而，許多人到了四十歲後，卻還是如同年輕時一樣迷惘。「我成為理想中的自己了嗎？」、「這條路是對的嗎？」、「未來人生的路該怎麼走？」種種不安的思緒在心裡蔓延，徬徨的心情和年輕時並無兩異。

為什麼心智並沒有隨著年紀增長變得更成熟？為什麼步入中年後，依然如此迷惘？如果你以為別人都很好，只有自己有這種困惑，那就錯了。

J小姐今年四十二歲，是一位家庭主婦。先生工作穩定，兒子也很懂事。擁有一個幸福家庭的她，在任何人眼裡看來，都是人生勝利組。但最近她卻經常陷入低潮，於是來找我諮商。步入四十歲後，她心中長期壓抑的鬱悶爆發了。先生和兒子不了解她的心情，事實上，就連她也不知道自己是怎麼了。

經過諮商，她才赫然發現過去從未察覺的問題。原來，兒時在原生家庭受到的傷害、產後未被正視的憂鬱……讓她內心深處傷痕累累。但一直以來，她卻只能忍耐，回想那過程，她替無法放聲大哭的自己感到悲哀。

我安慰她，並告訴她，即使是現在才來，也幸好她來了。

對那些未曾擁有過童年歡樂回憶的人來說，即使到了六、七十歲，童年時心裡所受的傷也需要被療癒。

四十歲的上班族S先生，覺得自己年紀都這麼大了，不但找不到未來的方向，甚至還在煩惱到底該不該離職？打從心底無法接納這樣的自己。一開始接受心理諮商時，他甚至覺得這是件很丟臉的事。

S先生的父親是一位嚴父，對兒子要求甚高。過去，無論是婚姻還是工作，他全都依循父親的意思，卻一點也不曾感到幸福。他認為自己終其一生，都是為了迎合父親而活，如同行屍走肉。一想到未來一輩子都得這麼過，便讓他難受得快要窒息。然而，就算貿然離開目前待的IT產業，心裡也沒有任何想要追尋的夢想，父親替他鋪好的路，似乎也是最適合他的。

他心中有個缺憾，總覺得自己的夢想被剝奪了。青春期時不曾叛逆過的他，步入中年後開始出現反抗心態，心裡有一股莫名的委屈。

漸漸的他發現，讓他痛苦的並不是對未來的迷惘，而是和父親之間的心結；他的壓力不是因為繁忙的工作，是因為一直有種被（父親）監督的感覺。於是，他決定鼓起勇氣，帶父親一起走進諮商室。他的父親也很想知道，兒子究竟是怎麼了？

無論對他，還是對他的父親來說，這都是一段艱辛的過程。要解開彼此長久以來的心結，問題在於是否能互相理解。從來沒有敞開心扉互訴心事的父子，第一次試圖走進對方的心裡。當他們願意放下自己，全然傾聽對方的心裡話後，彼此才終於相視而笑。

過去兒子因為年紀小，心智發展尚未成熟，自然無法理解父親的心情。而當時的父親承襲了上一輩的管教方式，再加上忙於工作為生活奔波，根本也無暇顧及兒子的感受。在諮商時，兒子小心翼翼地說出過去父親對他造成的傷害，父親那些「我都是為了你好」的話語，就像一把匕首插在他的心頭，留下難以抹滅的傷痕。

起初，父親聽到兒子說這些話時，會急忙想為自己辯解。我鼓勵父親先聽兒子好好把話說完，談話才得以順利繼續進行。當彼此願意用心聆聽對方時，奇蹟也發生了。父親聽完兒子的話後，眼眶裡盈滿了淚水，他緊握著兒子顫抖的手，兒子也終於卸下了原本不安的情緒，看著父親。

經過這次晤談後，父子倆漸漸打開心房，學習同理對方的感受，父親開始了解兒子的痛苦，兒子也能理解父親當時的心情。

如果能像這樣解開和父母長久以來的心結，四十歲的人生就能活出不一樣的色彩。四十歲時若感受到挫折、迷惘，有可能是原生家庭過往的影響。如果你也像S先生一樣，總是試圖迎合父母的期望，做不到就認為自己不夠好，甚至陷入自責，試著坐下來和父母好好聊聊。

在和父母聊這些事之前，要記得先表達謝意，感謝並認同他們過去的付出，接著再向父母說出自己內心的痛苦。假如和父母關係非常惡劣，建議最好先尋求心理諮商的協助，讓自己的傷痛能平復後，再試著和父母和解，否則很有可能會弄巧成拙，反而破壞彼此的關係。如果父母已經過世，也可以找另一半或摯友傾訴，透過談心的方式，療癒內心不為人知的傷痛。

尋求諮商協助的大多數都是中年人，大家帶著各自的煩惱前來，有親子關係、父母相處等，但問題最終還是回歸到自我的課題。過去從不曾好好面對的內在陰影，猶如長期累積的「未爆彈」，步入中年後才逐一引爆。

當我們願意勇敢面對時，時間永遠不嫌晚。重新去理解認識自己，學會照顧自己的情緒，將會是扭轉人生的重要契機。

四十歲是人生的「第二次青春期」，這時期的轉變不是身體上的轉變，而是內心的轉變。過程中，一樣會感到不安。不要抗拒心中的困惑，迷惘並不丟臉，步入中年後，如果對一切事情「無感」，才是最危險的。

在《歡悅的智慧》這本書中，作者尼采曾說過：「極度的痛苦才是精神的最後解放者，唯有此種痛苦，才能迫使我們大徹大悟。」有人會不斷檢視內心的問題，努力尋求解決方法；但也有人習慣逃避負面情緒，試圖壓抑內心感受。然而，越是刻意壓抑不敢面對，就越無法提升心智成長。年齡增加並不代表心智會跟著成熟，這就是為什麼有些人即使上了年紀，心智卻還是一樣不成熟，舉動傲慢無禮，或是沒由來的情緒失控。其實，他們心裡也很痛苦，因為從來沒有正視過內心的傷痛，才會藉由發脾氣或責怪別人的方式來轉移。不過，如果總是以這種方式逃避，最後只會給自己帶來更大的不幸。

不願意勇敢面對內心的痛苦，才是最大的問題，不是逃避不去面對，痛苦就會消失。人活在這世上，必須要永遠真實地面對自己的內在。如果沒有好好正視過去的傷痛，那些傷痛會不斷地折磨著我們。

人們在安慰別人時，總會說：「忘掉那些不愉快的事情吧！」

但埋藏在內心深處的傷口如果沒有好好治療，並不會就此消失。即使時間會淡化，但傷痛還是存在，倘若放任不管，很可能會產生更多後遺症。

與其勸別人快點忘掉那些不愉快的事情，倒不如換個說法：

「痛苦是為了讓自己變得更強大，勇敢地去面對吧！」

治療心傷最好的方式，就是勇敢地檢視傷口。如果沒有好好治癒傷痛，時間久了，像堆積已久的灰塵一樣，反而更難處理。甚至成為讓人生重摔一跤的苔蘚，或是誘發如經常性反覆頭痛等生理上的病症，帶著這些後遺症，會讓人生無法自在而活。因此，刻意遺忘絕對不是一種好方法。

療癒內心傷痛的方式，就是好好檢視自己的內心，找到那些讓心糾結和隱隱作痛的問題來源，並逐一移除掉。這可以說是一項耗時漫長且艱難的心理創傷手術。

那些過去未曾被正視的傷痛記憶，無意識地儲存在心裡越積越多。無關乎年紀，都必須好好檢視。

或許你可能會覺得：「都過去那麼久了，現在回頭看這些有什麼用？年紀都這麼大了，不也都這樣走過來……」但就算到了八、九十歲，無論年紀多大，都需要這麼做。

四十歲的我們，人生還有許多時間，此時是最美的年紀，很多事才正要開始。

你還有很多時間

年輕時，因為不知道青春的寶貴，而恣意揮霍；現在不同了，四十歲的我們，比誰都還要懂得青春的可貴，也比當時更成熟、更有智慧。

很多人忌諱住在墓地附近，但澳洲人並不介意，因為若自己深愛的家人或朋友過世後，每天上下班回家的路上都能經過他們長眠的墓地，就好像他們還在身邊一樣。此外每天出門都能看到，會讓人對死亡有更深刻的體悟，更懂得活在當下，珍惜眼前所擁有。據說住家附近有墓地的社區，犯罪率也遠比其他地方來得更低。

這點跟我國的民俗風情很不同，我想如果某個社區傳出將興建墓園的消息，一定馬上引來附近居民抗議。這或許跟大多數國人，對死亡感到恐懼的心理因素有關。一談到死亡，人們馬上就會聯想到悲傷和痛苦，盡可能地想逃離這些負面的情緒。但這其實也是一種情感的壓抑，逃避負面情緒成了我們最強大的心理防禦機制，刻意迴避原本應該要釋放掉的情緒，漸漸地，情緒就會被埋在深不見底的山洞，人與人之間的關係也變得越來越疏離。

四十歲後的人生，如果想要活得精采，不能再像過去一樣刻意壓抑，而是要透過溝通，適時表達。如此才能改善和另一半之間的關係，或重新修復日漸疏離的親子關係。很多人在步入中年後，會陷入焦慮，一方面除了擔心退休後的經濟來源外，更大的焦慮是，四十歲後關係上開始有著嚴峻考驗。

近年來，熟齡離婚的趨勢逐漸增加，正是因為許多人在步入四十歲後，開始重新思考自己的人生，對各種關係的定義，有了不一樣的見解和想法。

一味地忍耐和壓抑，是一種錯誤的生活方式。會習慣這麼做的原因，有可能是因為小時侯，常聽大人說：「不可以哭！要忍耐！」漸漸地，也變得越來越不懂得表達情緒。從現在起，試著透過溝通，學會表達自己內在的情感，修復彼此之間的關係。你還有很多時間，可以重新檢視自己過往的人生，修正過去的錯誤。這麼做不只是為了自己，更是為了身旁那些珍愛的人。

年輕時，你曾想像四十歲的自己是什麼模樣嗎？是備受尊敬的企業家？還是家庭事業兩得意的職場女性？即使現在沒有實現當年心中的夢想，也不要因此感到氣餒。反而要感謝這四十多年來一直陪在身邊，不離不棄的「自己」，並好好地說聲謝謝。

此時此刻的你，就是最美好的你，不需要對自己感到失望，也不要就此放棄。感到痛苦或不安時，就放慢腳步，回歸內心，再重新鼓起勇氣面對未來。就算四十歲了也沒什麼好擔心的，你還有很多時間。

越是忙碌，越需要靜下心

四十歲前的我，每天為生活奔波，從未靜下心來好好覺察自己，到了四十歲時依然如此，或許是因為這樣，當時我感到十分痛苦。四十歲時，若能稍稍從忙碌的生活中抽離，讓自己喘口氣休息一下，可能就不會這麼不安，也不會老是覺得被時間追著跑，或許就能好好享受屬於我的四十歲。

很多事都要等過一段時間後，才能有所體悟。我也是過了四十歲後才明白這些事。不同的人生階段，會遇到不同課題，這些課題都是這輩子第一次遇到，會迷惘是很正常的。生活中不可能都只有開心的事，難免會遇到一些不美好。不必因此太過焦慮，錯過了生命中的美好時刻。如果四十歲的你，容易陷入自責，覺得自己的人生很失敗，不停在心裡懊惱著：「為什麼我的人生會這麼失敗？」、「我明明已經這麼努力讀書、拚命累積經歷，為什麼只有這樣？」當你心裡開始有這些質疑的聲音出現時，就表示你需要靜下心來檢視過去的人生，去體會並了解當下的意義與價值，同時好好珍惜享受此刻。

假如可以回到四十歲，我會重新檢視自己的人生，把四十歲當作是過去和未來的重要分水嶺，為未來的人生做好規劃準備。不浪費太多時間在後悔和煩惱，而將焦點放在希望上。如果能安放好心中的不安，我相信四十歲會是讓自己變得更好的人生轉捩點。

現在四十歲的我們和上一代四十歲的人很不一樣。上一代的人，只要出國留學回來，很容易就能當上教授；只要考上醫學系或法律系，就能保障高收入。當然在那個貧窮的年代，並不是每個人都能考上名校或出國深造，這是少數人的特權。我也曾很想去留學，但因為家裡經濟關係，無法實現。即使後來努力在國內攻讀碩士、博士，還是會為了無法去留學的事而感到遺憾。因為我一直希望自己四十歲時，能當上教授在大學教書，但總因為沒有國外學位，屢屢失敗。

不過，在現在這個年代，即使當年我能出國留學，回國也不一定可以當教授；就算從醫學系或法律系畢業，也未必前途光明。如果老是拿自己和上一代比較，很容易會埋怨自己生錯時代，而陷入負面情緒中。

時代變遷，很多事情變得跟以前不一樣，有好有壞。和上一代比起來，我們有更多拓展生命經驗的機會；過去出國旅行沒這麼容易，在學習知識各方面，也都比現在更受限。

我和憂鬱症病情好轉的年輕人聊天時，偶爾聽到他們說想出國看看，我都會替他們感到高興，也很鼓勵。要是我像他們這麼年輕，也會想出去國外走走，拓展自己的視野，心裡很是羨慕。

四十歲的你，即使不是原本想像的那樣，沒有完成心中的夢想也無妨。四十不一定要不惑，困惑也無所謂。不必像年輕時幹勁十足，但也不必像上了年紀的老人家一樣失去動力。

不用因為比不過上一代，而感到失落。每個時代都有每個時代的痛苦，只是種類和形式不同而已，都有各自要面對的考驗，沒有絕對的好壞。因此，不需要比較，只要靜下心來好好想想，什麼才是自己真正想要的，把它當作是一份禮物送給自己。

四十歲散發著這個年紀獨有的韻味，那是二、三十歲尚未成熟時，無法展現的味道。若還沒有成為理想中的大人，也不必感到自責。我們已經錯過許多美好的時間，不要把時間浪費在無謂的懊惱上，而是應該把握當下。

你的人生，現在才開始！

四十歲的你，是美麗而耀眼的。或許現在的你，並不這麼認為，但等過了這個年紀後，你就會明白此刻的珍貴，就如同青春一樣。試著讓自己暫時從忙碌的生活中抽離，去尋找自己內心真正想要的吧！好好珍惜四十歲的時光，你會看見許多未曾看見的事，進而發掘生命的意義。

如何度過中年迷惘期？

對四十歲的你而言，現在最重要的，就是先停下腳步，好好覺察自己的心。會感到迷惘，是必須停下來檢視過去人生的訊息，是重新思考未來的人生，強化內在力量的時刻。

就算沒有心靈相通的好友，或為自己著想的家人也沒關係，因為你身邊早有一個，也是唯一一個最懂你，且已懂得照顧你的人，那就是四十歲的自己。這四十年來不離不棄，一直陪在你身邊的人。此時，如果無法停下來覺察自己，面對未來一連串的課題，只會感到更加困惑。

上一代四十歲的人，大部分生活都很穩定，對未來比較不會感到不安。只要按部就班照著計劃走，就能進到不錯的公司；退休後領了豐厚的退休金，就能過著安逸的生活。只要年輕時好好用功讀書，考上好學校，甚至家境好一點的，到國外留學回來後，都可以有不錯的發展。但現在這一輩的年輕人，不是這樣，即使考上好學校或去國外留學，很可能都還是會遇到「待業期長」的窘境，對未來的職涯規劃是更加迷惘。

也因為上一輩的人工作幾乎都可以做到退休，所以四十的他們沒有那麼焦慮，不必戰戰兢兢擔心中年會失業，自然也不用太憂慮退休後的生活。

但隨著時代轉變，這一輩的人即使到了四十歲，工作還是一樣不穩定，甚至被迫離職，必須重新轉換跑道找工作的大有人在。在這個不確定的年代，四十歲內心的混亂，並不亞於二十歲。單身的不婚主義者越來越多，即使是已婚的人，生活也不見得安穩。

世代之間的差距讓隔閡越來越嚴重，彼此間有很多怨念，會想反駁對方的想法。但要化解彼此的心結，唯有互相理解、包容才能做到。

其實上一代也只有少部分的人才有這樣的權利，機會的大門很窄。大部分的人都很貧窮，學貸也不像現在這麼好申請，很多人只能被迫放棄升學。在那個時代裡，不是想讀書就能讀書，選擇也是少得可憐。

不管哪個年代，都有它的痛苦，不需要比較，比較只會帶來傷害。但也不能把時代差異當成是一種藉口，藉此轉移焦點或逃避責任。

不要刻意逃避心裡的不安，或是把責任推給他人、社會，那只會讓自己沉浸在憤怒和恐懼中無法自拔。

金生珉，一九七三年生，韓國知名主持人，他從二十幾歲開始就進入演藝圈，藝人的收入不固定也不穩定，只有少部分的明星可以賺到大錢，但他仍在這行堅持努力，一直到四十歲過後，才終於在演藝圈中嶄露頭角。

因為時代改變了，所以有些人反而是到了四十歲後，才找到屬於自己的力量。

我認識某位四十歲女性，在大公司奮鬥了將近十五年，某天，她突然開始思考：「我到底是為何而活？」，於是決定遞出辭呈，為自己安排一段「空檔年」（GAP

YEAR）。

所謂「空檔年」，通常是二、三十歲的年輕人，為了探索自我，暫時中斷學業或事業，趁年輕時去充電的一年。然而，她卻是在步入四十歲後，才決定做這件事。

我非常佩服她的決心和行動力，能夠毅然決然離開人人稱羨的大公司，勇敢地去追尋自己的第二人生。這樣的勇氣，並不是每個人都有。

過去這十五年來，她比任何人都還要努力工作。在性別歧視嚴重的大公司裡，為了比男同事表現更佳，幾乎天天加班，甚至犧牲自己的睡眠時間，把心力都投注在工作上。但十年過去後，她赫然發現自己的人生似乎只剩下工作，為公司賣命而失去了靈魂，因此得了憂鬱症。在飽受憂鬱症折磨後，她決定替自己的人生，尋找另一條新的出路。

她休息了一段時間，回復自己的身心狀況後，開始學習自己一直很感興趣的家具工藝，隨後還開了一間工作室。雖然收入比以前少很多，但能夠做自己喜歡的事，她覺得現在的生活才是最幸福的。

步入中年後，就算迷惘也沒關係，只要像這樣重新找方向就好。

陷入不安和焦慮，只會讓自己更迷惘。把迷惘當成是人生的轉捩點，在轉角後的將是嶄新的幸福人生。

工作的意義

對一個人來說，工作的意義是什麼？大學畢業後，二十幾歲開始出社會找工作，不再仰賴父母的資助，靠自己的力量賺錢謀生。為了維持生活，必須努力工作賺錢。賺了錢後，經濟獨立，就能過著自己想要的生活。現實上我們是為了賺錢才工作，但以某種意義上來看，工作也是一種為自己人生負責的表現。

工作的意義並非只是賺錢。透過工作可以實現自我的理想，同時也會因對社會有所貢獻，感受到自我存在的價值，進而從中獲得成就感。因此，無論做什麼工作、抱著什麼樣的心態工作，工作都是人生中很重要的課題。

有的人會把每個月的薪水，當作是對自我價值的肯定。就算工作再累、再想辭職，但只要每個月領到錢，就會覺得自己的努力有了代價，於是又會重新燃起動力，繼續下去。當過上班族的人，應該都能體會這樣的心情。

不過，當薪資待遇和努力不成正比時，有些人會認為自己的價值被貶低。也有人會因為薪水太低，覺得自己很沒用，成天鬱鬱寡歡。在這樣的狀況下，如果無法順利轉換跑道，還是硬撐著不離職，很有可能會產生強烈的負面情緒，而做出傷害自己的舉動。若工作真的讓你感到很痛苦，可以的話就暫時離開，休息一段時間後再重新出發。

也有人認為工作是為了幸福，期望找到適合自己的工作，把工作當作是終生志業，和對的人一起工作，是再幸福不過的事了。和同事相處的時間並不少家人，如果在公司和同事處不來，工作起來會很痛苦。再加上如果不幸又遇到愛挑毛病的主管，簡直就像是在地獄工作一樣。不管再怎麼喜歡這工作、薪水再高，也很難在這樣的環境下久待。

工作不只是機械式地完成交辦的任務而已，職場上的人際關係佔了多數，如果能和志同道合的人一起工作，同事之間相處氣氛融洽，就算工作再忙再累，也比較能堅持下去，生活也會比較開心。

過了四十歲後，如果還沒找到自己喜歡的工作、工作沒動力，應該要考慮是否轉換跑道？如果過去是以成績決定科系，畢業後找工作受科系限制，進入不喜歡的行業，那麼四十歲就是你重新開始的機會，好好思考什麼才是你真正想做的事。

不要一直擔心：「都已經這把年紀了，還能重新開始嗎？」無論到幾歲，絕對都能重新開始。就算過了四十歲不好找工作，做非正職的工作或是打工也無妨。只要不放棄，願意為自己的人生負責，不管做什麼都好。有的人一輩子待在自己不喜歡的公司，沒有人知道他們心裡的苦。這樣的人其實也很了不起，不管再苦也依然堅持到底，光是這點就足以令人佩服。因此，不要妄自菲薄，記得就算到了四十歲，一樣隨時都能重新開始。

「我很喜歡我的工作，一直以來也都很努力，工作上沒什麼太大的問題，和同事相處也很融洽。但不知道為什麼，幾個月前我突然覺得心裡很空虛，好像失去了什麼重要東西。」

一位四十多歲的女性來找我時，對我說了這番話。

就算是對工作充滿熱情的人，過了四十歲後，心裡有時也會感到莫名空虛。尤其是理想越崇高的人越容易這樣。他們在二、三十歲時，心中就有著理想的未來藍圖，期待四十歲後在事業上能有一番成就。甚至有人認為，如果到了四十歲還無法完成夢想，就更不用期待五、六十歲能有什麼成就。但這些都只是自己的想像！他們心中的失落感，是現實和理想的差距所造成。

先暫時拋開這些想法吧！四十歲這個年紀，應該要思考的是：「現在這份工作對我有什麼意義？」、「我喜歡現在的工作嗎？」這才是最重要的。

現實主義者和理想主義者的煩惱

諮商多年來，從性格類型和人格特質來看，我發現「理想主義者」比「現實主義者」更容易感到失落。根據心理學家長期研究結果指出，每個人的性格是與生俱來的，並非遺傳自父母。雖然父母和孩子個性在某部分看起來很像，但其實這是後天環境影響造成。

進行心理諮商前，我會先仔細觀察對方的人格特質。人格特質不同，治療的方向也不大一樣。接著，進一步了解他與原生家庭的關係。子女和父母個性迥異的話，想法和觀點也會截然不同，容易造成家庭間的誤會和衝突，導致關係越來越惡化，互相傷害的情形也不在少數。

很多人直到進了諮商室後，才終於明白自己和家人間的衝突和傷害，是因為彼此個性不同所造成的。「要是早點知道就好了……」如果能早點明白這些事，再難解的問題也都能迎刃而解。

這樣的問題不只出現在家庭裡，職場上也會因為同事間個性差異造成摩擦。其實，只要願意去理解對方的性格，就能解開彼此長久以來的心結。如果不嘗試理解，而是帶著偏見相處，很容易會產生誤會。

猶如現實主義者和理想主義者，無論在家庭或職場，都可能會因為彼此想法不同而產生衝突。對現實主義者來說，理想主義者的想法太過不切實際；而理想主義者則認為，現實主義者的想法太過狹隘。

必須清楚了解自己的個性，才能知己知彼。這世界是現實的，追求理想如果沒有考量現實，會帶來更大的失落感。就連出現心理問題時，性格偏理想主義者，也會比現實主義者更難治療，需要花更長時間治癒。但社會上許多發展，都是由優秀的理想主義者所創造出來，他們之所以可以辦到，是因為懂得把理想和現實接軌，進而實現自己心中的夢想，而這很需要現實主義者一起幫忙。

因此，理想主義者和現實主義者必須互相合作，沒有哪種比較好，各有優缺點，需要靠對方互補。如果因為個性不同，就互相批評，表示其實你也不喜歡自身的某種特質。人與人相處就像照鏡子，批評對方的同時，其實也是在批評自己。

理想主義者很容易出現這樣的狀況：進入夢寐以求的大公司後，認為自己終於實現夢想，把全部的心思都放在工作上，無暇思考這是不是自己真正想要的。等工作了一段時間後，會突然陷入莫名的空虛，覺得：「我為什麼要為了工作這麼拚命？」

因理想被現實逐漸消磨，而產生空虛感，進而覺得自己是個「失敗者」，因此他們需要強化的是「現實感」。

其實，只要認真生活，對自己正在做的事情充滿熱情，不管做什麼，都值得為自己喝采。就算是再厲害的人，到了四十歲也會感到挫折，這個年紀會這樣是很正常的。不要一直陷入自我批判中，只有了解自己的個性特質後，才能突破現階段的困境。

現在開始準備也不遲

有些人待在公司上班，每天雖忙得昏天暗地，仍選擇待在習慣的環境裡；也有些人到四十幾歲，工作還是一樣不穩定。在二十幾歲時誤以為只要找到好工作，職場生涯就能平步青雲；到了三十歲後，就能有一定的成就；邁向四十歲後，一切都能趨於穩定。但到四十歲，發現自己依然一事無成，覺得自己很失敗，內心大受打擊。

工作不穩定時，通常會自責、懊惱，這時如果又陷入比較，只會讓自己更加痛苦。人生是自己的，沒必要跟別人比，不要因為自己比不上別人就貶低自己。與其活在不切實際的期待，或是一直去擔心未來會怎樣，還不如化為實際行動，培養自己的專業技能，或是繼續讀書，做對自己有幫助的事。

四十幾歲的我們，應該對工作更有熱情，因為隨著年紀增長，智慧和經驗越來越豐富，執行能力也優於過去，四十歲還能做很多事，這年紀談退休還太早。

人生四十才開始，如果打算做到六十歲退休，四十歲再來準備，也不會太晚。

上一代人經常會把「我們那個年代比你們還辛苦多了」、「你們這一代已經很幸福了」這樣的話掛在嘴邊，但這些話顯然不適用於現在。如果老是拿自己過去的經驗，訓斥下一代的人要好好努力，只會讓人覺得反感而已。

即便如此，年紀比我大的前輩們，很多時候給的建議，也對我有很大的幫助。他們說的話無須全盤否定，但也不必奉為圭臬。可以接受的就接受，不能接受的，就按照自己的想法去做就好。

四十歲結婚生子的人，可能會比沒結婚的人，生活更混亂，更容易感到不安。煩惱著要怎麼教育孩子？該如何叫孩子用功讀書？到大學畢業前要花多少育兒費用？想想那天文數字，根本沒辦法準備退休金。

從小父母告訴我們，要好好用功讀書，等考上好大學，未來就能平步青雲。背負著父母的價值觀長大後，我們才發現根本不是這麼一回事，卻也不知道該怎麼教育下一代，只能看別人怎麼做就跟著做，心裡沒有明確的方向和目標。因此，我建議四十歲的父母們，好好檢視自己的需求，唯有讓自己重新開始找到目標，才有辦法好好教養孩子。

至於那些基於各種因素到四十歲仍然單身者，一定都有各自的理由，而沒有結婚。不過，如果內心是想要家庭的人，千萬不要認為過了四十歲就不可能再結婚。我身邊有很多對過了四十後才結婚的夫妻，他們都過得很幸福。

因為四十歲的他們，比二、三十歲時更成熟，擇偶眼光也更好，懂得替對方著想，也累積了更多能讓自己幸福的心靈資產。

當今四十歲的我們跟上一代四十的中年者很不一樣，我們具有更多「可能性」，同時也是「依然年輕」的世代。當未來充滿「可能性」時，就能看到無限「希望」。

四十歲，可以辭掉現在的工作，嘗試挑戰新事物；可以迎接人生新的轉捩點；可以暫時劃下休止符，讓自己去旅行或唸書；可以重新調整自己的價值觀，因應新的時代；可以更了解什麼樣的伴侶適合自己，讓婚姻生活變得更幸福快樂……

我們必須克服心裡的恐懼，才能讓自己重新出發。

恐懼會讓人裹足不前，千萬別讓恐懼絆住自己。試著深呼吸釋放恐懼，好好收下這份來自四十歲的祝福，自己打開新的視野，大步邁向新人生！

找回孩子般的熱情

我通常會建議來找我諮商的人，當狀況好轉，心情也比較穩定後，培養自己的興趣。例如：傳統舞蹈、探戈、油畫、水彩畫、唱歌等，在家附近找一間交通方便，類似文藝中心的地方，去上一些相關的文藝課程。

個性活潑，喜歡與人互動聊天的A先生，選擇學跳探戈。他告訴我，他的同學都很熱情，在學跳探戈的過程中，他覺得自己很幸福。探戈確實也很適合像A先生這種喜歡與人相處、個性外向的人。跳舞讓他充滿活力，重新燃起對生命的熱忱。

B小姐則選擇在家附近的文化中心，學習傳統舞蹈。上了年紀後的她，越來越喜歡傳統舞蹈中優雅的動作。起先，因為從沒學過舞，所以常常跳錯，而覺得不好意思，練得也很吃力；但她越練越有興趣，也越來越有動力。她笑著告訴我，像探戈這類需要跟異性親密接觸的舞蹈，不適合她，而傳統舞蹈則讓她充滿興趣，心裡很開心。

C先生選擇學畫油畫。他喜歡靜靜地坐著專心畫畫。在學完基礎的素描課程，開始在畫布上上色時，他感受到內在無比的喜悅。畫畫讓他覺得回到學生時代，內心悸動不已。像C先生這種喜歡獨處的人，畫畫是非常合適的興趣。就算沒天分也沒關係，四十歲開始培養的興趣，是為了讓生活更有活力，豐富靈魂的能量。因此，不需要像準備入學考一樣給自己太大的壓力，隨心所欲地去畫就好。

還有一個人告訴我，他原本是為了排解憂鬱的情緒，才在四十歲時開始學畫。但繪畫卻改變了他的人生。即使是在重度憂鬱症的情況下，他也能透過繪畫表達自己的內在。雖然他之前從來沒有接觸過美術相關課程，但繪畫讓他療癒了自己，也讓憂鬱症因此好轉，最後甚至成為了畫家。

D小姐只要在歌唱教室拉開嗓子高歌，就會覺得渾身舒暢。雖然班上同學大多是上了年紀的人，但和大家一起唱歌時，平日的壓力就能頓時消散。從國中畢業後，她就沒有像這樣盡情唱過歌了。

對於容易憤怒的人，我通常會建議他們到ＫＴＶ大聲唱歌或吶喊，這麼做很有療癒效果。憤怒是內心受傷後，所產生的一種情緒。像這樣透過唱歌，把心中的不滿大聲吼出來，能有效舒緩憤怒的情緒。當心情沉重時，不妨試著唱唱歌吧！可以加入合唱團，和志同道合的朋友一起唱歌；參與教會詩班，透過歌聲傳遞美好……不管怎樣都好。音樂和歌唱，能滋潤我們的生命。

當心情鬱悶、提不起勁時，更應該要讓自己動起來。如果什麼都不做，只會讓內在的不安像雪球一樣越滾越大。就算真的什麼都不想做，到公園曬太陽、散步都好。只要讓身體動起來，腦海中的想法也比較能沉澱下來。很多想法其實都是自己嚇自己，不要把精力浪費在無謂的擔憂上。

我也喜歡在好天氣時，到戶外散步曬太陽。就連要趕稿時，也會盡可能坐在靠窗的位子，讓陽光灑進來。待在黑暗狹小的空間裡，容易讓心情更鬱悶，而陷入負面思維中。多曬太陽、讓自己的身體動起來，不管是走路、跳舞或和朋友見面，都是不錯的方法。

破除對諮商的偏見

漫長的人生道路上，難免會跌倒受傷，若傷口如果沒有處理好，可能會發炎化膿，最後導致潰爛。

就像喉嚨不舒服，會去看耳鼻喉科；身體不舒服，會去看內科；心生病了，也應該求助心理師或精神科醫師。

心情不好時，身邊有家人或朋友的陪伴、關愛，很快就能恢復；但如果情緒越來越糟，連身體都出現病症，就必須尋求專家協助。

一直以來，我們的社會不注重溝通，明明從小就應該要練習表達、學會聆聽。然而，在壓抑的文化背景下長大的我們，很少有機會體驗到對話的療癒效果。

來到我諮商室的人們，兒時幾乎未曾好好和家人對話，在家庭裡無法表達自己的看法，甚至被暴力對待。在過去的社會文化中，即使知道周遭有嚴重的家暴事件發生，也會覺得是別人家的事。這樣錯誤的觀念一直到現在都是，就連國家公權力，也無法貿然介入制止。

因此，社會上兒虐事件、家暴案件層出不窮，這些當事者即便心裡痛苦，卻又怕家醜外揚，被別人知道，大多選擇隱忍。也因此即便心理諮商能幫助他們，內心也是極度抗拒，光是想到要在陌生人面前，袒露自己的心事，就感到害怕。再加上心裡對諮商充滿不信任，覺得就算這樣做，也不會有太大幫助，因而導致情況越來越惡化。我們總是認為自己的問題，只有自己才能解決，即使傷口發炎化膿了，也只是自己隨便擦藥，裝作若無其事，戴上面具過生活。

長大成人後，在人際關係上遇到困難，或是面臨龐大工作壓力時，他們會覺得自己很沒用，因為把心關起來，不敢把內心的痛苦說出來，問題因此變得更嚴重。甚至在對下一代年幼子女出現恐怖的暴力行為前，都不曾察覺自己心理上的問題，也沒有機會治療。

某次我到美國旅行時，曾在紐約附近的小城鎮獨自散步。隔沒幾條路，就有好幾間氣氛寧靜的諮商中心。在那裡，無論是誰，都可以輕鬆地踏進諮商室，就像休息室一樣，讓我看了很羨慕。我當時心想，要是這樣的文化，也能在我國盛行，該有多好。

初次見到陌生的諮商心理師，心裡或許會感到很不安。這些不安大多是對人際關係的不安。一想到要接受心理治療，會覺得渾身不自在，是很正常的反應。然而，不管再辛苦、困難，若能勇敢踏進諮商室，適時把內心的痛苦釋放出來，問題就不會越來越嚴重。

當放下心中的不安，在安全的空間裡，透過對話說出自己的煩惱。那麼，冰凍已久的心，將能注入一股暖流，進而重新與人建立關係，獲得超越逆境的勇氣。諮商師們擁有多年的臨床經驗，他們都是「同理心」很強的人，可以充分信任他們，把自己全然地交出去。

對心受傷的人來說，要踏進諮商室並不是件容易的事，主要的原因是：

第一，受傷後人會感到難過不安，所以在心裡會抗拒不想去觸碰內心的傷痛。隨著年紀增長，情況會變得更嚴重，只要有人稍微觸及自己不願被別人知道的陰暗面，就會覺得自尊心受傷。而諮商則必須全盤揭露，因此很難踏出第一步。

我非常了解這種心情，但面對初次尋求協助的人，心理師通常不會急著要對方揭開傷疤，但即便再怎麼謹慎、小心地引導，有些人仍會感到不自在。那是因為他們心裡的痛壓抑太久，需要更多時間，讓心安定後，才有辦法袒露心事，釋放內心的傷痛。

第二，是因為不確定諮商師值不值得信任。每一位諮商師都有不同的專業類別，遇到問題時，很多人會不知道自己該去找誰，就算找到，也不確定是否對自己的問題有幫助，猶豫了幾個月，甚至是數年，依舊遲遲不敢行動。

我建議大家，在尋找諮商師時，可以先看看他出過的書，或是去聽他的演講，從他分享過去的臨床經驗案例，客觀去評估。也可以先詢問過有諮商經驗的人，聽聽對方的建議，或請他們幫忙介紹。

此外也可以從具有公信力的協會尋找，他們都有經常合作且具有證照的心理師，這些專家都具備豐富的臨床經驗。

有很多來找我進行諮商的人，在來訪前，已觀察了我好幾個月，預約完又取消，取消後又預約，反覆好幾次後，才終於勇敢踏進諮商室。所有諮商心理師都必須了解，走進諮商室的人，都是鼓起莫大的勇氣，應該要盡其所能地幫助他們走出傷痛。

第三，也有人會擔心如果諮商心理師的個性和自己不合，會比較難理解自己的感受。根據我多年的諮商經驗，確實雙方個性特質比較相近的話，諮商時會比較容易進入狀況，也比較能幫助到對方。

針對這部分，我提供一個小工具，建議大家可以參考MBIT性格類型[1]先了解自己。

我們簡單地分成「感性型」和「理性型」來看。如果覺得自己較感性，可以找感性型的諮商心理師，可能會比較能同理你內心的傷痛。不過，也並非絕對如此。有時

① MBIT性格分類法（Myers Briggs Type Indicator），以瑞士心理分析家卡爾・榮格的理論為基礎，提出的性格測度工具。

能理智冷靜地判斷狀況，確切掌握問題的理性型專家，或許更有幫助。

不管是哪一種，對未曾遇到能了解自我傷痛的人來說，走進諮商室後，諮商心理師是否能令你安心、讓你感覺被理解，是非常重要的。過去不管是父母、師長、還是社會，經常用能力去衡量我們，因為不容允許犯錯，所以內心受了傷。因此，就算心理師在對談時很快就看見問題原因，也不會輕易說出來。

剛開始進行諮商的前幾個月，在諮商對象還沒準備好之前，諮商師會以深度同理心，專注傾聽，讓對方感到安心。在沒有主動尋求建議前，會以陪伴的方式，幫助他找回內在力量。

像這樣一連串的諮商過程，和諮商師本身的個性或價值觀有密切關係。在進行諮商的過程中，諮商師必須放下自己，停止判斷或建議，把焦點擺在對方身上，去同理他內心的傷痛，予以陪伴支持。

雖然偶爾會遇到透過簡短的同理對話，就能獲得療癒的人；但大部分的人還是需要長時間的耐心陪伴。諮商師會敏銳察覺情緒的細微差異，針對不同對象，安排治療規劃。

不要讓傷痛憋在心裡太久，拖到最後才求助。

當人生遇到困境卡關時，最好適時尋求專家協助。尤其步入四十歲後，內心感到劇烈痛苦時，請不要猶豫，直接尋求諮商管道。透過心理治療，能讓自己變得更成熟，以充滿希望的新視野面對未來人生，大膽逐夢。

CHAPTER TWO

四十歲，重新檢視自我

活在別人的期待裡，
總是在意別人的想法的人，會困住自己。
若不停下來重新檢視自我，
即使步入中年，自尊感也不會提升。
很可能會跟孩子一樣，被別人稱讚時，就感到開心；
被孤立或被批評時，會羞愧地想躲起來，
到了四十歲，
要好好檢視自己，是否也有這樣的狀況？

你為何而活？

因為不想輸給別人（連名字、長相都不知道的人），我們拚命努力。考高分、進大公司、領高薪，而將來也會和這些不知名的競爭者繼續比下去。在盲目的追逐中，我們逐漸失去自己，卻以為失去越多，就能得到更多。

步入四十歲後，馬不停蹄的腳步必須要停下來，是重新檢視一切的時候了。

有時我們會認為「是因為我這麼努力，才能有今日的成就。」但過沒多久又會自我懷疑「我真的是為了爬到這個位置，才這麼拚命嗎？」

到了四十歲，二、三十歲時有的衝勁已經消失。我遇到很多人告訴我，他們覺得步入四十歲後，似乎失去了熱情。這是因為他們把四十歲當成是一個檢測點，檢視自己年輕時努力後的成果，當對結果不滿意時，羞愧的感覺就會出現。

一轉眼過了四十年，不知不覺四十歲了。隨著時間流逝，二、三十歲的熱情和體力也跟著消失。我成了年輕時理想中的大人了嗎？如果沒有，現在還來得及嗎？現在的我，幸福嗎？在回答這些問題前，應該要先思考另一些事。

現在的我，是為了自己而活嗎？還是為了迎合父母、師長的期待，才勉強自己一直這麼努力？如果一輩子活在別人的期待裡，總是在意別人的想法和眼光，只會讓自己困住。若不停下來重新檢視自我，即使步入中年，自尊感也不會跟著提升。很可能會跟孩子一樣，被別人稱讚時，會暫時覺得開心；被孤立或被批評時，就會羞愧地想躲起來。到了四十歲，要好好檢視自己，是否也有這樣的狀況？

假自尊的陷阱

我們很容易被假自尊給欺騙，落入一種陷阱，認為社會地位越高、金錢和名聲越多的人就越有自尊。但綜觀歷史，許多原本就擁有金錢和名聲的人，卻更加汲汲營營，想藉此得到自尊感。這跟試圖用錢買自尊一樣，是荒誕無稽的想法。不管錢再多、地位再高，因為一點小挫折就被擊垮的，也大有人在。

沒錢、地位低，就等於沒自尊的想法，是受社會環境影響。許多人信以為真，一頭栽進假自尊的陷阱。

但嚴格來說，自尊與金錢或名聲毫無關係。我們不需要有錢才能尊重自己，即使手裡拿的不是名牌包是菜籃，不是開進口車，是騎腳踏車，都一樣能尊重自己。

這是很自然，並非刻意勉強的事。我就是我，必須好好愛自己、照顧自己。如果太在意別人的眼光，不斷迎合討好別人，就無法獲得真正的幸福。

所謂的「長大」，表示我們到了要懂得自我保護的年紀。不能因為受到一點阻礙或威脅就放棄，年紀越大，越要有自己的堅持，不要受環境影響而改變原則。即使情況不如預期，也必須站穩腳步，堅持做自己。

自尊指的並非只是愛自己、尊重自己，而是替自己築一道守護城牆。無論遇到痛苦、悲傷或感到羞愧的事，也要打從心底全然地接納自己所有的一切，成為自身的守護者。

這道城牆也會為我們帶來勇氣，不論外面世界如何，它都會保護我們，不輕易被打倒。四十歲的我們，必須為自己築起這道牆。

人們之所以容易掉進假自尊的陷阱，另一項原因是，認為自己一定要「完美」，才能獲得尊重。然而即使不完美也無妨。四十歲的你，必須勇敢接受、面對自己。站在鏡子前，坦然面對赤裸裸的自己。經過四十年的歲月，我們已經變得夠強大了。不管現況如何，都已經活出最棒的自己。

鏡子裡的你，準備好要擁抱鏡子外的你了嗎？四十歲，該是勇敢做自己、好好愛自己、擁抱自己的時候。

你或許會問，怎樣才算是做自己？怎樣才能找到真實的自己？因為在滿臉青春痘的時期，沒有老師教過我們這些事。這個答案，我們必須花一輩子的時間，自己去尋找。四十歲的你，已經成為大人，試著當自己的老師，陪自己找答案吧！

該是找回自己的時候

鏡子中的你，是什麼樣子呢？歲月是否在你臉上留下痕跡？那些痕跡是生命留下來的印記，是努力生活的證據。但如果我們對自己努力追求的一切感到懷疑，很可能會突然陷入莫名恐慌。因為當感覺一切不再有意義，便會頓時失去存在的價值。

看似婚姻美滿令人稱羨，或是賺了很多錢的人，也不一定會感到幸福。否則，這些社會上成功的人，也不會踏進諮商室。就算實現了年輕時的夢想，也可能會對自己感到懷疑，認為說不定正是為了追求這些夢想，才活得這麼累、這麼辛苦。

也有人覺得自己到了四十歲，還一事無成，為此感到惶恐不安。不知道未來想做什麼？想過什麼樣的人生？

經研究，美國樂透得主過了一兩年後，他們的幸福感與一般人並無兩異。從這樣的結果來看，其實人生不一定要有戲劇化的起伏，才會感到幸福。即使平凡無奇，只要活出真正的自己，時刻都能處在幸福中。

如果忙到沒時間去思考該如何活出真正的自己，趁此時好好思考吧！我們可以換個角度去想，當活到七、八十歲時，哪些事沒做自己會覺得遺憾？到八十歲時，會有什麼想法？人生會對什麼感到後悔？跟現在後悔的事有什麼不同？

在思考這些事的同時，也不要全盤否定過去的努力，那些努力並沒有白費，是值得嘉許的。放下年紀的包袱吧！不是只有年輕人才能趁年輕時做自己，你也可以趁現在找回自己。

接者，再問問自己：「我現在過得好嗎？」

如果你發現自己回答不出來，甚至想逃避這個問題，可能要試著更深入去找出癥結，探討內在真實的想法。

現在的我有讓自己幸福嗎？

大多數的人到了四十歲時，會很自然的開始探討生命的意義，思考和生命本質相關的問題。

「人為什麼活著？」、「活著的意義是什麼？」如果找不到答案，會頓時失去未來的方向，就像迷了路一樣，感到徬徨無措。問題是，過去的我們，從未被教過要思考這些事，只是努力做好「該做的事」。小時候，大人告訴我們，要用功讀書才能考上好大學，考上好大學才能找到好工作，找到好工作生活才會幸福，這些話我們從小聽到大，我們以為這麼做就可以，從來沒有探討過生命本質的意義，所以感到迷惘是自然的，現在，是靜下心來去思考的好機會。

現今社會中，我們不會因為沒東西吃就餓死，但如果失去生命的目標，肉體和靈魂就會形同死亡。當清楚知道生命的意義後，即使做著不喜歡的事情，也能甘之如飴；如果找不到，別說是工作了，就連呼吸也會覺得吃力。想想看自己做哪些事時，會覺得自己的生命別具意義呢？

從小到大，我們經歷了許多身心上的變化，隨著變化的同時，在乎的事情會跟著改變，追求的價值也有所不同。

過去為了迎合社會期待，努力扮演好各種角色，很容易因而失去了自己，疏忽了內在的感受。這就是為什麼有些人渴望獲得幸福，為了追求幸福拚命努力，卻覺得自己離幸福越來越遠的原因。

努力想過更好的生活並沒有不對。但如果這麼做後，會讓自己越來越感到疲憊，就應該要先停下來。

暫時停下忙碌的腳步，好好思考自己是否活得快樂？快樂的主導權不在別人手上，一切操之在己。沒有誰可以給你幸福，只有我們能讓自己幸福。

與其一直等待童話故事中的「白馬王子」出現，倒不如讓自己成為自己的白馬王子，這樣，幸福才會來到。即使是再平凡的小事，也能感受平淡的幸福。

心生病了嗎？

如果內心經常處於不快樂的狀態，很可能會引發憂鬱症。

憂鬱症並不只是單純心情不好，也不是只有軟弱的人才會得到，更不是只要心情好轉，就會痊癒。憂鬱症輕則像感冒，但嚴重起來跟癌症一樣會危及生命。四十歲人的心理健康不容輕忽。

社會上對憂鬱症有著很多誤解，甚至充滿偏見。認為「抗壓力太差才會得憂鬱症」、「憂鬱症是因為太軟弱」……這些錯誤的想法，讓患者壓力更大，這也是為什麼憂鬱症患者自殺率在國內一直居高不下的原因。

但即便如此，社會也沒有意識到這個問題的嚴重性。身為社會中流砥柱的中年人，罹患憂鬱症的情形更是嚴重。長久以來壓抑在心中的鬱悶，在步入中年後爆發，問題涉及的層面很廣，症狀也不同。

年屆四十的我們要好好注意心理健康，如果經常陷入低潮，要注意自己是否得了憂鬱症。中年出現憂鬱症的原因很多，並非只是中年危機感引起的。當壓力和傷痛長久積累在心中，時間久了很可能就會造成心理疾病。憂鬱症是無形的殺手，因為不容易被發現，經常會錯過初期和中期的黃金治療期，直到重度憂鬱的症狀出現後，才意識到問題的嚴重，有時甚至會伴隨著強迫症、偏執症、或併發恐慌症。

當心感到焦躁不安時，要好好靜下來覺察自己的內心。

四十一歲的C小姐，因為兒時被強暴的傷痛記憶，讓她長期飽受憂鬱症所苦。但她並不知道自己生病了，只覺得心裡很痛苦。原本應該要支持、包容她的母親，卻認為這是一件很丟臉的事情，怕被別人知道，而拚命想掩蓋，也因為母親的態度，她的心像是被深深地刺了一刀似的。

大學畢業後，努力認真工作的她，以為自己已經忘了這件事。因為媽媽告訴她，必須忘了那些不好的事情，才能好好生活。於是選擇遺忘，似乎成為她唯一的選擇。

成年後，她和在教會認識的一位老實男人結婚，原以為從此就能過著幸福快樂的日子，但結果卻不然。婚姻生活雖然看似穩定，但她心裡卻經常充滿不安和痛苦。明知道問題，卻又不敢面對，也不想面對，拚命壓抑著情緒。後來，她到精神科就診，被診斷出罹患憂鬱症。即便按時服藥，但還是時常感到茫然，失去生活的動力。不管吃再多的藥，都無法抹去兒時的夢魘。

某天，她踏進了我的諮商室。在晤談中，她將一直以來隱匿的傷痛，伴隨著淚水傾瀉而出。勇敢正視內心的傷痛後，她總算放下心中沉重的包袱，開始試著找回自己。這過程十分痛苦，但痛苦過後，她找到了生命的出口。

她告訴我，如果沒有尋求諮商協助，她可能一輩子都會跟行屍走肉一樣。過了四十歲後，她才覺得自己重生了。

因為願意鼓起勇氣，面對內心長久以來的傷痛，積極努力接受治療，讓自己有了重生的機會。痛苦只是暫時的，所有的痛苦終將會過去。如果你長期感到憂鬱和不安，好好檢視內心是否生病了吧？勇於正視問題，才能解決問題。

平時，我們都要了解為情緒找出口的方法，因為若負面情緒找不到出口，長久積累在心中，就很容易讓心生病。因此，遇到難過痛苦的事情，不要憋在心裡，試著去找朋友聊聊，把內心的壓力抒發出來。

四十多歲的H小姐，在家中排行老二。來找我諮商的那天，她告訴我，她是家中三個孩子裡面最不得人疼的。父母的眼裡只有大哥，總是把身為長子的大哥捧在手心裡；小妹因為會撒嬌，自然也比較得寵；只有她在家族中備受冷落，大家的焦點都不在她身上。每逢過年過節，她就像個透明人一樣，毫無存在感，只能待在廚房裡幫母親煮飯或洗碗。

因為從小不受重視，所以即便是身為女孩也不想打扮，整個人看起來死氣沉沉的，但越是這樣，就越沒人注意到她。步入青春期後，她得了恐慌症，常常突然昏倒，或感到呼吸困難，甚至出現四肢麻痺的症狀，靈魂逐漸凋零……

她覺得自己是世界上最沒有用的人，沒有談戀愛，也沒有結婚。為了生活，她勉強去上班，但坐在辦公室裡敲打鍵盤時，經常會有一股衝動，想從窗戶跳下去，結束自己的生命。

對她來說，活著一點意義也沒有。帶她來諮商的人，是她的妹妹。H小姐打從心底根本就不相信心理治療有用，只是想著反正都已經這樣了，就死馬當活馬醫，在死之前試試看最後的方法。

或許是因為心裡累積了許多委屈和難過，在諮商的過程中，她一直哭個不停，是我見過的人當中，流最多淚的。在治療結束後，她問：「我之前的人生是不是白活了？」我告訴她，生命中發生的每一件事都是有意義的，沒有人的人生是白活的。從此以後，她比過去任何一天，都還要認真生活。

H小姐後來試著把藏在內心深處的痛苦，像寫故事一樣用文字書寫下來，並在進行諮商時跟我分享。她說回顧自己的過程中，她明白了：過去痛苦背後的意義，都是為了讓自己變成更好的人。

只有當我們願意面對過去的傷痛時，傷痛才能被治癒。當她鼓起勇氣去回想那些原本不願意回想的事並勇敢說出來後，就能以不同的角度去看待那些事情，心情自然也跟著轉換。在面對過去的傷害時，如果能以有別以往的心情去看待，某種程度上就表示傷痛已獲得療癒，這麼做的治癒效果是很驚人的。

當我們能明白痛苦背後的意義，對過往不再怨天尤人，就會覺得自己彷彿獲得重生，心裡充滿難以言喻的感動。有些人需要花一年的時間，有些人則要花三到五年。累積在心中的傷痛越大，所需的時間越久。

說出內心的傷痛並不丟臉，會覺得丟臉，是因為誤以為自己應該要堅強，不可以隨便在別人面前示弱。但勇敢說出來，試著療癒內心的傷，它會成為你這輩子最大的資產，如同寶石般珍貴。

當我們開始願意檢視自己內心的傷痛時，就是療癒的開始。

H小姐在願意面對後，讓自己的人生有了不一樣的契機。如果四十歲前，未曾好好檢視自己的心，不管是誰，都很有可能會突然被過去積累在內心的傷痛瞬間擊垮。從現在起，放下無謂的自責與不安，請誠實面對自己！

活著，都會受一點傷

前述的這些案例，某些人可能會覺得太過極端。但痛苦無分大小，是主觀的感受。對別人來說，看起來沒什麼大不了的小事，對自己而言，很可能是比天塌下來都還嚴重的大事。

偶爾，為了寫書或沉澱思緒時，我會找一間鄰近河邊的咖啡廳，坐在咖啡廳裡工作。因為我寫的書或專欄文章，大多是跟心傷的主題有關，我希望自己寫出的內容，能療癒那些人。望著河畔的景致，提筆書寫時，會覺得自己的內心，彷彿也被潺潺的流水淨化了，思緒變得更加清澈透明，也比較有靈感。

幫助他人深入挖掘內在的痛苦，其實是很辛苦又孤獨的事。我必須走進他們的內心世界，全然地接納並了解他們的痛苦。對身為心理治療工作者的我來說，這是一條漫長的路。因此，我也經常到河畔進行自我療癒。

下著雪的冬景、夏日徐風陣陣吹來的碧綠河景、寂寥的秋日景色、生機盎然的春日河畔，望著美不勝收的四季景色，都對自我療癒很有幫助。

寫著這段文字時，我正欣賞著被秋天染紅的寂靜風光。坐在咖啡廳二樓靠窗的位置，靜靜地看著潺潺的流水。秋天的景緻明顯跟春天不同，卻一樣能讓紛擾的心平靜下來。

我之所以特別喜歡海邊或河邊，是因為小時候的我，就像波浪一樣心緒有著很大的起伏，當望著和內心一樣波濤洶湧的海水或河水時，心裡似乎也能逐漸平息下來。

每個人都有屬於自己的療癒方法。如果跟我一樣喜歡看水景，可以到海邊或河邊；如果喜歡樹木或森林，也可以到深山裡去，透過這樣的方式，徜徉在大自然中，進行自我療癒之旅。

十月的河水在秋光映照下，看起來似乎更深不可測。眼前所看到的景致，不管是山景也好，海景也好，會隨著內心的狀態而有不同。有時悲傷，有時孤獨，透過將情寓於景中，也可以抒發內在的情感。

望著潺潺流動的河水，會感覺到，人生其實就像川流不息的流水一樣。湧起的浪濤，不斷拍打著岸邊上大大小小的礁石。如同人生路上的小石子，有時會讓我們受傷，甚至可能會痛到站不起來，一路上我們就是這樣跌跌撞撞地前進，隨著時間的流逝，就這樣來到了四十歲。

秋天過後緊接著就是冬天，冬天過後，隨即春暖花開的春日也將來到。花謝花會開，生命中一切美好事物，也一樣伴隨著痛苦與挫折而來。穿越這些痛苦，迎來的終將會是美好的。每個人一生中會遇到許多不同的困難，有各自的痛苦要面對。痛苦的人，往往會覺得自己是世界上最痛最苦的。但無論生命如何起伏跌宕，經歷過這些悲傷和痛苦，從中汲取成長的養分，才能開出更燦爛的花朵。

步入四十歲而產生的中年危機，內心的痛苦和焦慮，確實很難淡然處之。但坦然地面對，不自艾自憐，把危機當成是轉機，一切將會有不一樣的轉變。

你可以去尋求心理諮商；或是以寫自傳的心情，把過去發生的所有事情，轉換成文字書寫下來；找心靈相通的好友，一起去旅行、一起喝下午茶聊天，訴說彼此的心事。透過情感交流，傳遞溫暖給對方，讓彼此也能從中得到鼓舞、獲得力量。

每個人都需要人陪伴，不管遇到再大的痛苦，只要有人陪在身邊，就能成為莫大的精神支柱，讓自己重新站起來。

穿越這些痛苦後，在人生這塊田地上，就能綻放屬於自己的生命之花。每個人都是自己生命中的農夫，擁有一塊屬於自己的花田。花田裡形形色色的花朵，象徵著生命多采多姿的樣貌。當散發出來的芬芳，能讓人生充滿幸福的香氣時，痛苦就會變得別具意義。

不要因為花田裡的花還沒綻放，或是看到其他花田盛開，自己的卻雜草叢生，而心生難過。四十歲的你，花田可能還是含苞待放的狀態，就算是還在除草階段也無妨。總有一天，一定會綻放出屬於自己的花朵！

沒有痛苦，何來幸福？

內心長期飽受痛苦折磨的人，會很希望痛苦趕快消失。對於初次前來諮商的人，我問他們，希望透過諮商獲得什麼時，大部分的人都會回答：「我想要變得幸福！」我們對幸福充滿了美好的幻想，以為只要擺脫痛苦，幸福就會到來。甚至誤以為那些看起來比自己幸福的人，生活一定無憂無慮。

仔細觀察那些說出：「我覺得現在很幸福」的人，他們並不是完全沒有痛苦，而是懂得把痛苦昇華成前進的動力，讓自己從中獲得幸福。如果痛苦不是因為病理性的疼痛，那就試著把痛苦當成是自己的一部分，學習與之共處吧！若能如實地接納自己的傷痛，心也會變得比較柔軟。當心變得柔軟時，就能感受到生活中的小確幸；當小確幸能點滴累積，就能被幸福包圍。

因此，不要認為必須逃離痛苦，才能獲得幸福。即使在痛苦中，我們也一樣能感受幸福。心理創傷即使痊癒了，也還是會帶點痛楚。因為壓抑的時間太久，變成了習慣，形成潛意識制約，這需要花更長的時間才能改變。這種習慣性的負面思考，會一直讓人覺得自己很不幸。但若任由自己將痛苦的感覺放大，就會忘了曾經有過的幸福。

習慣負面思考的人，到了四十歲後，會變得更固執，因為很多信念都已經根深蒂固，不容易改變。畢竟無論是想法、態度、表情、說話方式、價值觀等都已經跟了自己四十多年了。

想要改變，必須不斷保持覺察。為了不被生活擊垮，我們獨自奮鬥著，戴上各種面具，啟動防禦機制保護自己，執著和偏見也慢慢成了自己的一部分。唯有透過內在自我覺察，一切才可能有所不同，這是四十歲後必須要做的事情。

千萬不要在痛苦的泥沼中越陷越深，即使壞事接踵而來，也絕對不要對人生感到絕望。就像流動的河水，不管過程再蜿蜒曲折，終究會流向大海。河水不會因為河道崎嶇不平，就不再流動。隨著生命之河的流動，我們來到了四十歲，今後也會繼續流向下一個四十歲。

未來下一個四十年，要讓自己學會以不同的角度看待痛苦。幸福的人生並不是沒有痛苦，而是懂得轉化痛苦，改變思緒，如此生命才會更有意義，人生才能更加幸福！

現在開始，活得像自己

今天的你，是否也為了滿足社會期待，戴著各種面具生活，彷彿失去了自己？就連下班後，也一樣不能放鬆，把自己的精力，榨得一滴不剩？

一天中，什麼時候你會卸下所有面具，坦然地面對真實的自己呢？明明不想跟別人見面，卻勉強自己參與活動，去旅行、去約會，把自己弄得疲憊不堪。

從現在起，我們應該把自己擺在優先順位，把別人稍微往後放。不要覺得這麼做會對不起別人，年輕時的我們，總是怕拒絕別人會沒朋友，所以才會老是勉強自己去迎合他人，但如今，我們已經不再是十幾、二十歲時的人了。

不管你對變老是欣然接受，還是充滿抗拒，但有一件事是值得慶賀的，就是我們可以開始「活得像自己」。雖然臉上的皺紋增加，但內心卻更成熟，我們變得更圓融，更懂得傾聽他人，擁有一顆溫柔的心。

所謂活得像自己，並不是凡事以自我為中心。而是透過內在療癒和自我認識，讓心變得更柔軟。隨著年紀的增長，如果能全然地理解、接納自己，便能以寬容的心對待他人，這是這個年齡帶來的禮物。

千萬不要忘記，你，才是最珍貴的，不要為別人委屈自己。為自己而活不是自私，而是一種深層的智慧。善待他人的同時，也要懂得善待自己。

「為什麼都已經活到四十歲了，卻還是這麼看不開？難道就不能稍微放鬆，變得更自在些嗎？」

也別說這樣的話，來撻伐自己。比起說一些話肯定自己，生活中我們更常自我苛責。誰說四十歲就一定能達到完美境界？人的一生中沒有哪個年紀是完美的。到死前的那一刻，我們都還是一樣會犯錯，一樣會受傷。人本來就不是完美的存在。

四十歲恰巧是人生這張紙摺了一半的地方，是檢視人生的最佳年紀。當你能夠先接納自己、擁抱自己，也會變得比較能包容別人。上了年紀後，覺得自己還是一樣小心眼、愛計較，這就表示你還沒有完全接納，那個像孩子般的自己。

我們最要好的朋友，是自己，但「他」也是世界上最會折磨你的人。如果繼續過著自我欺騙的生活，不理會自己心裡真實的需求，到頭來痛苦的人也是自己。

寫自傳

人生已過了一半，用文字紀錄自己的生平，會讓我們體悟到許多事。把人生分成幾個階段，重新看看過去曾經發生的事，靜下心來覺察反省，這些經歷都會成為往後人生的智慧，甚至還可能就此展開新的計畫。

如果不知道該怎麼寫，可以根據下列提示的句子來寫。

幼兒期的我

待在媽媽肚子裡時，是怎樣的環境呢？出生時又是在怎樣的環境中長大？爸爸媽媽是彼此相愛的夫妻嗎？童年有什麼快樂的回憶？不開心的回憶？兄弟姊妹間的關係如何呢？對未來有什麼憧憬呢？

兒童期的我

第一次上學時，會感到緊張或害怕嗎？在學校和老師、同學的關係如何？你喜歡你的校園生活嗎？如果喜歡，喜歡那些地方？不喜歡的原因又是什麼？有交到好朋友嗎？有特別要好的朋友嗎？有跟朋友吵過架嗎？或者有過被排擠的事件嗎？那個時期和父母的關係如何呢？和兄弟姊妹之間的關係又是如何？

青少年時期（青春期）的我

上國中、高中後，是抱著什麼樣的心情去上學？當時內心最渴望的事情是什麼？如果那段時間讓你感到很痛苦，原因是什麼？在迷惘的青春期時，曾做過哪些叛逆的事情？在學業上遇到什麼難題？和老師的關係如何？和朋友相處融洽嗎？夢想是什麼？為了實現夢想做過哪些努力？如果沒有夢想，又是為什麼呢？和父母的關係如何？在當時父母是相愛幸福的嗎？和手足之間的關係如何？

青年期（大學時期或就業後）的我

為什麼會選擇這間大學？填志願時為何會選填這門科系？是否覺得自己念對科系？喜歡你的大學生活嗎？如果是，原因是什麼？如果不是，那又是為什麼？大學時有特別要好的朋友嗎？有談過戀愛嗎？如果有，是什麼樣的人？戀愛是否幸福？有遇到想要在一起一輩子的人嗎？有失戀過嗎？為什麼失戀？失戀後感覺如何？出社會後想要找什麼樣的工作？對職場生活是否滿意？如果不滿意，原因是什麼？是想要離職還是已經離職了？離職後是否比較開心？

邁入中年期的我

會覺得沒有好好把握人生而感到遺憾嗎？有結婚嗎？婚姻生活過得如何？如果婚姻生活很幸福，那麼你的訣竅是什麼？如果覺得婚姻不幸福，那又是為什麼？對另一半有什麼樣的想法？有小孩嗎？和子女的關係如何？你覺得婚姻對你的影響是什麼？如果還沒結婚，沒結婚的原因是什麼？對自己未婚這件事有什麼感受？

喜歡你目前正在做的事嗎？喜歡的原因是什麼？如果不喜歡，那你想做什麼？已經在為退休做準備了嗎？做了哪些準備？是否會對未來感到不安？為什麼？

寫完後，如果覺得到此時對自己的人生毫無遺憾，請好好嘉許自己，盡情讚美鼓勵自己。假如有遺憾的事就看有哪些方法可以彌補，把可行的方法寫下來。過去經歷過的每一刻，都富有意義，會讓自己變得更堅強勇敢。或許曾犯下許多錯誤，經歷過無數次失敗，但這些經驗無論是對現在，或是對未來的人生都十分重要。

一開始，可能會覺得彆扭，不知該從何下筆，但撰寫過程中，會慢慢開始自我覺察，這些想法可以幫助自己找到未來人生目標，成為指引方向的燈塔。與其後悔過去，對未來感到迷惘，倒不如試著重新檢視過去，透過自我覺察，讓自己獲得新的人生體悟。唯有如此，才能在四十歲後，過沒有遺憾的人生。

撰寫希望日記

把過去經歷的一切，像自傳一樣寫下來後，接下來試著寫寫關於未來的事吧！寫下自己對未來的希望，可以隨心所欲的寫，也可以參考以下提示。即便寫下超乎現實的事也無妨，盡情地想像自己的未來，展開想像的翅膀，讓未來充滿無限可能！

1. 寫下想做卻還沒做的事

2. 五十歲時，理想中的自己是什麼樣子？

3. 六十歲時，理想中的自己是什麼樣子？

4. 七十歲時，理想中的自己是什麼樣子？

CHAPTER THREE

四十歲，想好好再愛一次

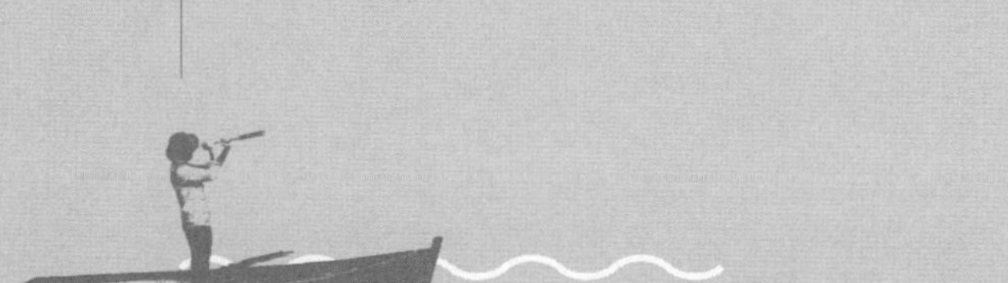

體貼和關愛需要智慧，
也需要實踐的勇氣。
唯有如此，我們才能去愛、去守護心愛的人，
包容接納彼此不圓滿的地方。
當我們已經準備好的時候，
才是值得被愛、最適合戀愛的時刻。

不像夫妻，像兄弟？

找我諮商的四十歲夫妻不在少數，他們帶著各自的問題踏進諮商室。夫妻間本該敞開心胸毫無保留，卻經常因為不願對彼此袒露真心，讓關係間的衝突越演越烈。

J小姐不管在任何人眼裡看來，都是一位相當有魅力的女性，但她卻覺得自己是個徹底的失敗者。她的先生是一位沉默寡言的人，不擅溝通表達。結婚後，她一直感到很後悔。內心不滿足的她，脾氣變得很暴躁，經常對還是小學生的兒子發脾氣。兒子也因為這樣，和她的關係日漸疏離。她對生活失去動力，精神變得越來越萎靡。她從來不曾和先生提過這些事，覺得說了也沒用，只會讓自己更生氣。於是她陷入憂鬱症的漩渦中，心中的孤獨感日遽加深。

夫妻關係如果像這樣漸行漸遠，反而會比單身時更感到孤單。這對夫妻在經過長時間諮商後，才終於願意一起努力修復彼此間的關係。在那之前，他們甚至不知道為何要努力？要怎麼做才能繼續一起生活？他們天真地以為只要結婚，自然就能維持關係。如今，這對夫妻總算明白了該如何和對方相處。

他們最先從「恢復溝通」這件事開始做起。家人間如果不溝通，會比陌生人還生疏，比獨自生活更容易感到孤單。當獨自一人時，我們很自然地會把孤單視為當然，但和另一半、子女或父母在一起時，卻不自覺產生渴望被愛的期待。倘若彼此間沒有任何交流，把對方當成是透明人，就好像一把利刃刺在心頭一樣難受。

我先請夫妻兩人試著一天至少進行三十分鐘以上的對話，一個星期檢視一次溝通成效。起初，兩個人都覺得有點彆扭，但漸漸地能聊得越來越深入。夫妻間不聊天的話，會漸漸變得什麼話也不想說，但當彼此願意開啟對話，反之就會變得越來越有話題。聊天就像是血液，如果體內的血液不流動，就等於死亡，關係也會跟著瓦解。聊天就像是替關係注入新鮮的血液，聊的時間越久，聊的內容越深入，夫妻關係會開始慢慢改善。更重要的是，會更深刻地體悟到彼此其實是相愛的，也會愛得更成熟。

當愛滲入靈魂和身體後，那些令人生氣的事情也跟著消失了。人在生氣時，就像是不成熟的孩子，而生氣（憤怒）的原因大多是因為缺乏愛。當夫妻之間的愛重新流動，自然就比較不容易生氣，原本感覺問題很多的孩子也會變得很可愛，不再因為孩子犯了一些小錯就大發雷霆，家庭關係也跟著恢復。

在炙熱的愛情逐漸降溫後，如果夫妻之間能維持愛情的「黏度」，彼此之間毫無保留、真誠以待，也能過著幸福的生活。無論是愛情或友情，沒有任何一種關係不需要努力就能維持，即使是生活在一起將近十年的夫妻也一樣。十年也好，二十年也好，想維持良好的夫妻關係，不管相處起來再怎麼輕鬆自然，都不能鬆懈，要發自內心全然地尊重和體貼對方，需要適時上緊發條留心觀察對方。並不是要刻意製造緊張感，而是要懂得去察覺對方需要什麼？或對什麼事情感到不開心？時時關心對方的需求。

「他本來就是這種人」、「說了也沒用，他又聽不懂」、「反正一直以來都是這樣，我自己看著辦就好」如果總是用這樣封閉的態度回應，不去關心了解對方，彼此間的關係就會變得越來越冷漠。

試著擺脫習慣性的冷漠，留心察覺對方的需求吧！哪怕是只有十分之一也好，把關注在社會時事的精力，花在另一半的身上，就能為他們做些事情。

我們連去超市遇到可能之後不會再見面的店員，都會說聲：「謝謝！」更何況是每天朝夕相處的另一半。不懂得好好向他們表達關心和謝意，就等於是在傷害我們最在乎的人。

愛情的維繫跟在一起的時間長短無關，因為無論結婚幾年，伴侶都是如此的珍貴。這麼說並不是要你刻意勉強自己去討好先生或太太，但願意為對方著想的心意和努力，是足以令對方感動的。

「我們夫妻像兄弟一樣，雖然沒有怦然心動的愛情，但相處起來像朋友、兄弟一樣自在。」

夫妻像兄弟一樣，不一定是夫妻關係不好的形容。與其因為一些不愉快的小事鬧得很僵，不願開口和對方說話；倒不如能像兄弟一樣無話不談，透過聊天分享彼此的想法和感受；在外面受委屈了，也有人幫你一起罵，替你出氣。

當對方生病或疲倦時，多做一些家事、關心對方，這是像朋友般的關係；彼此毫不關心冷漠不語，這樣的關係根本稱不上是關係。

陪你淋雨的人

四十六歲的T小姐，從小生長在不幸福的家庭中。父親三番兩次外遇，母親明知道卻選擇隱忍，經常以淚洗面。從小在這樣環境下長大的她，一直覺得自己很孤單，不曾被好好愛過。

隨著年紀增長，她越來越不敢觸碰愛情。缺乏安全感的她，心裡彷彿破了洞，容易對人產生防備。幸好，後來她遇到了一位好丈夫，但兩人相處時，只要先生與自己約好的事情沒做到，她就會暴跳如雷，頤指氣使地質問先生是不是不愛她了？不斷用言語傷害對方。T小姐知道是自己的問題，很討厭自己這樣，但看到先生時，卻仍抑制不住滿腔怒火。

然而，先生並沒有因此而放棄她，他們夫妻倆一起走進諮商室。一開始諮商時，T小姐並不願意袒露自己內心的問題，但她先生相信諮商能幫助自己的太太療癒受傷的心，所以即使路途遙遠、舟車勞頓，從來不曾抱怨依然堅持前來。T小姐從無法體會先生的用心良苦，經過好幾年心理治療，最終走出原生家庭傷害後，才終於明白先生對她的愛。對沒有娘家可回的她來說，先生是她唯一的家人，也是唯一能包容她一切的朋友。T小姐重新愛上先生，先生也理解了太太深埋在心裡的傷痛，全然接納並予以支持。

婚姻猶如行駛在大海中的一艘船，雙方得攜手度過婚姻中的風雨。現在的他們，總算雨過天晴，安穩地行駛著屬於他們船，一起前往幸福的未來。

若不是先生的堅持，太太很可能陷在自怨自憐的枷鎖中無法自拔，甚至放棄了自己。而先生要不是遇見了這樣的太太，也可能一輩子都無法了解真心愛一個人是如此美好的事。他們遇見了彼此，也重新改寫了人生，是我見過最懂得什麼是愛的夫婦。

真正的愛，並不是在雨中幫你撐傘，而是能陪你一起淋雨，站在雨中和你一起等雨停。我想，大概沒有比這更美的愛了。愛，並不是尋找一個完美的人，而是懂得去欣賞那個人的不完美。

愛的本質始終不變

在這個時代，人們不再覺得一定要談戀愛。戀愛是種選擇，也是種享受。戀愛的樣貌，不管是十幾歲時的單純美好，還是二十多歲時的轟轟烈烈，那種為對方犧牲付出一切的愛情，到一定年歲後，似乎成為了負擔，愛情變成不過是場曇花一現的煙火。之所以會有這樣的感受，是因為背負在愛情後頭的責任，讓人感到有壓力了。愛情在一開始時是浪漫的，但真正的愛需要經過現實磨練。如果只是想短暫享受愛情的美好，不願承擔責任，就無法擁有真正的愛。

對許多人來說，無論是現在或是未來，愛情都令人十分煎熬。在愛情裡，容易迷失方向、迷失年紀、甚至迷失自己。不過在凡事都必須要為自己負責任的生活中，愛情也是一種讓自己獲得釋放的方法。或許是因為這樣，人們才會渴望愛情也說不定。

在經歷一段充滿激情的愛後，彼此會慢慢被喚醒，面對現實，現實有時很殘忍，但那些會讓你失去自我的愛情，卻也能讓你重新認識自己。

古希臘哲學家柏拉圖在〈盛宴〉這篇文章中，解釋了愛（Eros）的本質。「盛宴」是一場款待奧林帕斯山眾神的宴會。宴會上，除了邀請眾神之外，也邀請了象徵豐饒的男神——波羅斯（Poros），波羅斯喝醉後在宴會的入口處睡著了。

此時，沒有被邀請參加宴會的貧窮女神——佩尼亞（Penia），在宴會場附近徘徊時，發現了英俊耀眼的波羅斯，對他一見鍾情。兩人相戀之後生下的孩子就是愛神艾洛斯（Eros）。父親是象徵豐饒富足的神，但母親卻是貧窮匱乏的神。因此，愛神艾洛斯象徵的愛雖美，卻也意謂著「永遠不滿足」。

蘇格拉底認為，愛的一開始是完美的狀態。然而，天神宙斯對此感到嫉妒，於是將所有人的心切割分裂成不同形狀，並把它們散落在世界各地。從那時起，每個人都在世界各個角落不斷地徘徊著，尋找自己散落的另外半顆心。那不只是另一半的心，還要是能切合原本形狀，讓自己也能完整的心。雖然這只是一個故事，但它蘊含著對愛深刻的覺察。

為了實現愛情，我們必須先找到另一半，而且還必須能夠讓自己完整。換句話說，愛情的一開始並不是為了對方，而是為了「自己」。

每個人這輩子都在尋找能夠讓自己完整的另一半。但這麼做並不是為了填補對方的缺角，而是為了填補自己。因此，愛情可以說是「永遠填不滿的無底洞」。

對男朋友、女朋友、先生、太太，之所以會產生執著、遺憾、抱怨等負面情緒，是因為對方無法完全滿足自己。一旦熱戀期或新婚蜜月期過了，其中一方就會對另一方這麼說：

「都是我在配合你，為什麼不是你來配合我？為什麼只有我一個人這麼努力？」

一直以來看似為對方付出的一切，其實可能是為了渴望獲得回報。到頭來，傷害自己的不是對方，而是這自私的愛。為對方付出的愛，是希望對方也能這樣愛自己，想要獲得相同回報而做的罷了！

然而自私的愛不僅讓自己痛苦，也會讓對方痛苦。

無論是二十歲還是四十歲，許多人仍對愛情充滿幻想。這則愛情的神話故事，徹底打破了幻想的美好。

如果是這樣，奇蹟般相識相戀結婚的夫妻，在婚後是否能繼續過著幸福快樂的生活呢？在婚姻的過程中，發現對方並不是自己心目中理想的完美伴侶，不再對彼此有所幻想的中年夫妻，愛是否就此消失？

準備好，重新再愛一次

現代人步入婚姻的時間點和家庭型態，和以前已大不相同，婚姻制度也正逐步在改變。

過去一提到四十歲，馬上就會聯想到是已婚、有小孩的典型家庭狀況。但現在卻不同了，晚婚成了一種趨勢，有人到了四十歲才結婚，也有很多人還未婚，甚至也有不少是離婚後恢復單身。然而，即便是不想結婚的人，也一樣會渴望愛情。

當夫妻步入四十歲後，看到彼此不再像年輕時那樣悸動，甚至還會覺得煩，年輕時如此小心翼翼呵護的愛情，究竟消失到哪裡去了？

愛情不是只有絢麗美好的一面，那並非愛情的全貌。如果認為那種怦然心動、甜蜜愉悅的感受才是愛情，那是對真愛的一種汙辱。真正的愛情並不是單憑感受，因為要愛上一個人陷入熱戀並不是件難事，是自然而然就會發生的。比起感受，接下來需要的是用心經營，重要的是意志和責任。

一段愛情關係要維繫，需要兩個人互相照顧，懂得體貼彼此的心意。而要做到真正照顧對方，體貼對方心意，必須要經常設身處地，站在對方的立場著想，同理他的感受。體貼和關愛需要智慧，也需要勇氣去運用。唯有如此，我們才能去愛、去守護我們心愛的人，包容接納彼此不圓滿的地方。

所謂的適婚年齡，實質上並沒有太大意義。值得被愛的年紀，最適合戀愛的年紀，是當我們已經準備好的時候。

四十歲單身的人，可能會羨慕已婚者。也許對婚姻抱著更多幻想，也可能認為愛情是毫無意義的事情，就算孤單痛苦也會刻意逃避。但其實，不管是已婚，還是單身，愛都是生活中不可或缺的一部分。

愛透過各種管道，流進我們的生命中，對象可以是心愛的人，可以是愛犬，也可以是大自然，甚至是敬愛的神，我們的生活周遭到處充滿了愛。

不要落入比較陷阱，而感到沮喪。用心愛自己，用心去感受生活的細微處，你會發現，這所有的一切都是愛。請記得，愛的樣貌多采多姿，愛會以不同方式來觸動心弦。並不是過了四十歲後，愛就會消失，說不定到了這個年紀，我們才能真正體會到愛的本質是什麼。

愛與被愛都不是件容易的事，即使到了四十歲，愛情依舊很難。不用努力、不必付出代價就能得到愛情，是最簡單的。如果是因為對方的外貌、財力、幽默感等外在條件愛上對方，把自己寄託在這種美好夢幻的感覺上，一旦感覺消失了，要堅守這段感情就變得不再容易。看到自己和對方的缺點後，能夠不轉身離開，需要很大的勇氣。因此，事實上只有少數的人，才能實現那樣的愛情。

是依賴還是愛？

愛情很容易讓人變得依賴，覺得非彼此不可。好不容易遇到生命中的另一半，自然一刻也不願和對方分開。然而，過度依賴並不是件好事，甚至會讓自己失去主導權。

「依靠」代表著有一部分還是必須靠自己，但「依賴」則是表示把自己的主導權完全交給對方。不健康的依附關係，會讓彼此失去自由。依賴者，會一直背負著罪惡感；被依賴者，則會一直犧牲自己。依賴者看似內心較匱乏，但事實並非如此，只是二者的需求與問題不同。被依賴者也是為了彌補心中不同的匱乏感，而藉由不斷消耗自己的能量和情感來讓對方依賴，進而控制對方。

無論另一半再怎麼好，都不可能永無止盡地滿足你想要的愛情。但不能因為這樣，就覺得對方「不夠」愛你。當有這樣的感受時，其實是因為我們不夠愛自己，心裡受了傷需要修復，這才是讓我們痛苦的真正原因。

內心的傷口並不會因為上了年紀就慢慢撫平或消失不見，那甚至有可能是連自己也沒有意識到的傷痕。但除了自己之外，誰也填補不了這缺口。當內心出現缺口時，人們會不自覺地感到空虛。如果想知道自己心裡是否有傷，可以想想自己是否會常出現空虛、孤單、悲傷、無力等感受。假如還是覺察不到，也可以觀察自己是否經常感到不耐煩？為了一點小事陷入負面情緒，變得很敏感、容易發脾氣？

倘若經常感到「煩躁」，就表示內心的缺口很深。四十歲了，是否也該意識到，並試著去填補它呢？一直以來為生活忙碌奔波，也該停下來好好照顧自己了。

經年累月的傷口，要修復並不輕鬆，亦不容易。即使不是別人刻意造成的傷害，自己難免也會跌倒受傷。漫漫人生路中，佈滿荊棘的道路，遠比花朵盛開的來得更長。這些痛苦和考驗，是努力生活的證據，正因為走過，才更有力量堅持下去，繼續向前。

我們都有被愛的資格

四十歲的E小姐，過了結婚適齡期後，在家人和親戚朋友的催促下，隨便找了條件還算適合的對象，就匆促結婚了。但沒有愛情的婚姻，讓她感到很孤單。為了獲得丈夫的愛，她努力學做料理，可惜情況並未改善。生完女兒後，她憂鬱的症狀變得更嚴重。陷入憂鬱固然痛苦，但因此疏於照顧年幼的女兒，更令她自責。

就在她把長久以來埋在心裡的悲傷和負面情緒說出來，試著接納痛苦的感受和狀況後，情況開始慢慢轉變。她說，自己放下了想要做到最好的心態，先從可以做到的開始做起，心情便輕鬆許多了，而她臉上的表情也漸漸變得柔和。她察覺到自己的痛苦，是因為渴望獲得更多的愛，消除內心匱乏的感受後，幸福感竟跟著增加。

當照顧先生和孩子，不再是希望從他們那裡獲得回報，而是發自內心自然而然地去做這些事時，就不會再像之前一樣，強迫自己付出更多，心也漸漸感到踏實安穩。

B小姐從小在重男輕女的家庭中長大。她心裡總認為自己不夠好，覺得沒有人會喜歡她。即使長大後，有人向她示好，也總是把對方推開，過了四十歲後，依然不想結婚。

幼時差別待遇的傷害，比想像中還嚴重。母親犯下的錯誤，讓她一直深陷痛苦中，久久難以釋懷。她花了很久的時間，才終於明白，自己的價值並非由別人決定。

在諮商室裡，那些她受傷的故事，反覆了說好幾百遍，我聽了也很難過不捨。為了讓她明白並不是她不夠好，而是母親重男輕女的觀念錯誤，身為諮商師的我，一直陪在她身邊，體會她的感受。經過療癒修復的過程，她慢慢從傷痛中走出來，找回完整的自己。

恢復自信後的她，原本恐男症的問題也解決了，現在正陷入熱戀中。

S小姐從二十幾歲開始，每次結束戀愛的模式都一樣。只要一談戀愛，就會非常黏對方。每隔一小時，就會拚命打電話確認男友在哪裡？想知道對方在做什麼？到最後總是因為男生受不了，而向她提出分手。雖然她也知道，自己之所以會這樣，是因為對愛情沒有安全感，但知道歸知道，卻很難改變。

關於在愛情中缺乏安全感的問題，大多可以追溯到與父母間的依附關係。世界上沒有完美的父母，因此，每個人或多或少都會有依附關係的問題。如果情況嚴重，可能會因為害怕身邊的人離開自己，內心感到極度不安和恐懼，因而產生迷戀執著，甚至出現類似跟蹤的行為。

明知道越是執著，會讓對方越想離開，卻難以改變。要結束這樣的惡性循環，必須抱著破釜沉舟的決心，進行心理治療。

S小姐也是流了無數次的眼淚，花了很長時間做心理治療。當傷口癒合後，她找回了自我價值，談戀愛時，便擺脫了過去緊迫盯人的模式。

並不是遇見了誰，和誰結婚，就一定會幸福，也不是非得結婚不可。想要遇見真愛、婚姻幸福，必須先完整自己。假如因為過去的事，讓我們感到痛苦，內心世界崩塌，覺得自己很糟糕。那麼，不管遇見的對象是誰，都無法讓我們獲得幸福，只會讓彼此變得更不快樂。

「如果不是因為愛你，我會這麼做嗎？我的世界只有你！」

會摧毀掉自己，讓對方陷入痛苦的愛不是愛。

愛情，很難不執著。一旦相愛，就很容易想依賴，覺得沒有對方不行。然而，若太過執著，不斷想從對方身上索取愛，填補內在的缺口，那麼關係只會惡化不會更好。

不管是男朋友、女朋友，先生或太太，如果另一半因為自己而感到痛苦，就必須要意識到，這樣的愛其實是為了自己，不是真正愛對方。

要先療癒自己的傷口，才能放下內在的不安全感，不再像之前一樣，拚命的向人索取愛。即使沒有人在身邊，也要清楚地知道，自己絕對有被愛的資格。

所謂的愛自己

當愛經歷過破碎和修復的過程後，內在會變得更成熟。

在聖經第十三章〈哥林多前書〉愛的篇章中，有一段關於真愛的描述：「愛是恆久忍耐，又有恩慈；愛是不嫉妒。愛是不自誇，不張狂，不做害羞的事，不求自己的益處，不輕易發怒，不計算人的惡。愛是凡事包容，凡事相信，凡事盼望，凡事忍耐。愛是永不止息。」

換句話說，如果不是真正成熟的愛，就會無法恆久忍耐，會嫉妒、會發怒、會自誇、也會張狂；如果不是真正成熟的愛，會變得只看對自己有利的地方，會計算人心險惡，也無法做到凡事包容、凡事相信、凡事盼望、凡事忍耐。

這樣的愛不只適用於男女關係，其他關係也適用。而在所有關係中，最重要的是跟自己的關係。如果你很容易感到不耐煩，應該回頭檢視自己的內在。也就是說，真正的愛並不是在生氣時，一味指責對方，而是必須先檢視自己。深入覺察內在，修復內心的傷口，唯有如此，才能發自內心付出更多的愛。

愛別人之前，要先愛自己。不愛自己的人，無法愛別人。必須接納自己的不完美，肯定優點，包容缺點。如果我們總是用嚴苛的標準對待自己，很容易會以同樣的標準去要求別人，難以包容對方的缺點。

愛自己，並不是因為自己是完美的。如果總是拿自己和別人比較，認為自己很糟糕，看到對方的缺點時，也會容易感到煩躁。因此，請先好好的接納自己吧！

我就是最好的我

不需要試圖變得完美，接納並允許自己現在的樣子，接著再努力繼續往下一個階段前進。

對自己不滿意，或是自信心低的人，通常會替自己設定一個難以達成的目標，要求自己在短時間內完成。然而，現實與目標間的距離太大，越是渴望達成，挫折感越大，會覺得自己很糟糕，沒有成熟的心態，就難以往前。

怕別人批評自己不夠好，於是先自我批判。但越是這樣，就越容易覺得自己真的很差勁，這樣自我貶低的心態，會對自己帶來傷害。

「我就是最好的我！」

試著像這樣告訴自己：「或許目前我還無法滿意自己現在的樣子，我知道比我厲害的大有人在，自己的能力還很缺乏。但這四十多年來，我一直都很努力，才能成就現在的我。」

當願意接納現在的自己時，就能體驗到成長與改變。那些來諮商室找我的人，也是經歷痛苦的療癒過程後，開始不再討厭自己，意識到自己的珍貴，願意接納自我。

從那一刻起，他們以驚人的速度成長，創造出生命的奇蹟。

要相信自己，現在這個樣子就很好，你就是最好的你。

成為彼此的療癒者

兩個相愛的人，為了獲得完整的愛，彼此都必須努力。然而，如果對方完全沒有改變，就必須懂得適時放手。因為光靠一個人努力，很難去改變對方。

不過，在最後決定放手前，我認為相愛的兩個人，也必須努力成為彼此的療癒者。原本互不相識的兩個人，成為這輩子最親密的伴侶，要好好珍惜這段奇蹟般的緣分，互相扶攜照顧。以真誠又不失同理心的方式，說出心中的問題、彼此的缺點，圓滿一段成熟的愛。

無論是戀人或夫妻，都很幸運能擁有療癒彼此的夥伴，在互相扶持的過程中，自己和對方也都會獲得成長。

或許有讀者會認為，這樣的建議太過老套且不合時宜。在多元化的文化和價值觀中，不管哪種戀愛方式或婚姻生活，都需要被尊重。然而，追求愛和自由的價值觀所依循的真理，並不會因為時間或流行趨勢而改變。在這個混亂的時代，如果這麼做能讓我們獲得療癒和幸福，即便落於俗套或許也是有必要的。

曾遇過某對夫妻，先生和太太帶著各自需要被療癒的問題，踏進諮商室。

「我老公常常發脾氣，很容易不耐煩，只要稍微不順他的意，就會立刻發飆。每次出門不管去哪，都一定會吵架，小孩也跟著有樣學樣，動不動就生氣……這樣的生活，快把我逼瘋了。」

「我實在不懂為什麼我老婆這麼常對小孩生氣，動不動就大吼大叫，也經常對我發飆，而且情況變得越來越嚴重。」

許多大人，不管年紀多長，心智年齡依然跟孩子一樣。即使上了年紀、結婚再久，還是有夫妻會因為心智不成熟，而互相傷害。只要對方無法滿足自己的需求，就會像年幼的孩子一樣，對另一半生氣發飆。會出現這樣的情況，很可能是思想還不夠成熟。

遇到某個人陷入熱戀，決定結婚時，通常是因為內在需求。當我們和某人相識相戀時，會無意識地對另一半有所期待，希望對方能幫助自己療癒兒時創傷，或是填補內心的缺口。雖然在意識層面來說，幾乎察覺不到，但在心裡會無意識抱著期待和幻想，希望對方擁有超人般的能力，解決自己內心尚未解決的問題。然而，這樣的期待和幻想，或許就是造成婚姻生活不幸的元兇。

不過，如果婚後兩個人都能意識到這點，慢慢了解對方的期待，在互相磨合的過程中，彼此也都能獲得療癒，因而進一步成長。兩個人之所以能相識相戀，是神的禮物，也是祝福。

所以，首先必須先意識到自己內在的期待和需求是什麼，才不會一直希望或無意識強迫對方為自己付出。當我們期待的是，對方能滿足自己時，其實也讓自己陷在掙扎和痛苦中，因為當發現對方做不到，我們會感到沮喪，而這樣的挫折感，可能會轉為憤怒。因此，才會在另一半稍微做錯事或疏忽時，就小題大作大發雷霆。

當情況沒有改善，或內心陷入絕望時，很多人除了對另一半生氣外，進而會把期待，轉移到孩子身上，甚至遷怒於孩子。這麼一來，孩子們也會繼承父母的傷痛，在另一種匱乏中成長。

假如兩個人經常因為一點小事就動怒生氣，會讓關係變得更惡劣。此時若還是抱持著不成熟的心態，以自我為中心，認為一切的不幸和問題，都是對方造成的那麼就會導致夫妻決裂，甚至讓整個家庭因此破碎。

想讓婚姻重拾幸福，修復家庭關係，得從現在開始做出改變，時間越拖越久，到最後可能就無法解決了。為了讓夫妻雙方變得更成熟，必須要察覺從小到大經歷過哪些傷痛？這些傷痛對自己造成什麼樣的影響？才能更深入進行自我療癒。同時，也必須理解對方的傷痛，試著同理對方的感受。當彼此願意傾聽，互相撫平傷口時，療癒的奇蹟會比想像中來得更快，彼此也會被視為世界上獨一無二的對象。

家庭幸福與否，取決於夫妻關係療癒的程度和成熟度，如果夫妻關係不睦，子女也不會幸福。

要結束這世界上所有的不幸，唯一的捷徑就是，每個人都能夠透過自我療癒的方式，從中獲得成長，心智變得成熟。要知道，七歲時的傷痛，如果放任不管，心智年齡可能就會永遠停留在七歲的階段。即使長大成人後，還是跟七歲時一樣耍賴、愛生氣、幼稚，這會讓另一半感到很痛苦。療癒內在小孩的傷口，用愛和關心修復疼痛，內在小孩會成長得很快，心智年齡才會跟著成長。當傷口修復療癒後，結了婚走進家庭，才能打造幸福快樂的家。

成為彼此療癒者的戀人和夫妻，是這世界上最耀眼的人。

「反正婚後也一樣孤單，還不如單身！」如果心裡抱持著這樣的想法，就表示婚姻關係處於危機狀態，當彼此的孤獨感加深，會看不見對方也一樣孤單，反而會更埋怨對方。

無論是正在談戀愛，或是戀情才正要開始的人，願你們能以這份溫暖的愛，彼此互相療癒照顧。願你們能一起度過人生的寒冬，等待春天的花朵盛開。

在聖經的《雅歌書》上，有一段文字描述相愛的人，愛得淋漓盡致的模樣。你也可以試著用書裡的句子，對另一半說：「不管再怎麼辛苦，跟我一起走吧！」

起來吧，親愛的，我的美人，跟我一起走吧！
你看，冬天過去了，雨季已經過了，郊外百花盛開。
鳥兒開始歌唱。田野間斑鳩啼叫。
無花果開始成熟；葡萄樹也開花放香。
起來吧，親愛的，
我的美人，跟我一起走吧！——《雅歌書》第二章十節～十三節

愛的三種階段

愛具有療癒的能力，同時擁有改變自己和別人的力量。在尚未清楚愛是什麼前，不要輕易說愛。

在古希臘語中，象徵愛的單字有三個。分別是：「Eros」、「Agape」、「Philia」。這三個單字雖然都可以翻譯成：「愛」，但各自衍生出來的含意卻不同。

「Eros」是情慾之愛，是象徵戀人之間，如煙火般稍縱即逝的愛情。「Eros」的愛，代表著有盡頭的愛。當愛走到盡頭時，就必須昇華成「Agape」和「Philia」，才會是成熟的愛。然而，很多人在「Eros」階段時，就宣告愛情已到終點。因此，很多人說婚姻是愛情的墳墓，但事實上並非如此。「Eros」的愛，是前往下一階段愛情的起點，要跨過第一階，才能進到下一階。在這個階段裡，戀人們渴望彼此，希望能夠一直在一起，孕育出跟彼此長得很像的下一代，讓這份愛世世代代延續下去。

「Agape」是利他之愛，象徵偉大、無條件的愛，是神的愛，也是母親的愛。在新約聖經中，也用這個字，來表達耶穌對人們的愛。

這份愛，是無盡的犧牲和奉獻，是超越熱戀中的愛情，最為崇高。「Agape」的愛是無私的，只專注在為對方奉獻付出。這樣的愛非常療癒，因為它表示無條件的尊重、關懷，寬恕和喜愛。

當戀人或夫妻，能夠以這樣的愛對待對方，即使傷口再久、再深，沐浴在這樣的愛中，也能獲得痊癒，都能被填補，也會慢慢蛻變成長，學會去愛人。

「Philia」友情之愛，是象徵朋友間友誼般的愛。純粹的友誼實屬難得，若能擁有一位至交好友，人生可以變得更幸福精采。可惜現實生活中，利益衝突讓朋友間的關係，不再像單純，「為朋友兩肋插刀」的友情，變成一種誇飾的修辭。然而夫妻間也需要像「Philia」這樣的愛，不會因為利益關係而衝突，可以和彼此分享一切，不管任何狀況，都能攜手並進。

在談論男女間的愛時，大多數人只想到「Eros」的情慾之愛，但必須要等到進入到下個階段時，愛情才會逐漸趨於完整。並非一定要經歷過情慾之愛，才會出現利他之愛。有時候，成熟的人所談的愛情，比起情慾之愛，會先以利他之愛，融化對方冰冷的心。等到上了年紀，感情趨於平淡後，也會經歷友情之愛。

重新檢視愛

1. **現階段你的愛是屬於情慾之愛嗎？**

試著寫下這個階段對對方的感覺。

假如已經結婚很久，卻還停留在這個階段，思考一下是為什麼呢？

2. **現階段你的愛是屬於利他之愛嗎？**

試著寫下這個階段對對方的感覺。

3. **現階段你的愛是屬於友情之愛嗎？**

試著寫下這個階段對對方的感覺。

如果察覺到自己的愛還不夠成熟，試著寫下原因。

另外，如果你認為婚姻是愛情的墳墓，且夫妻關係冷淡的話，想想看，還可以做什麼來改善狀況？

4. 重新寫情書給對方

為了喚起對另一半，那個世界上最珍貴的人的愛意，試著回想一開始相戀時的心情，重新寫一封情書給對方，來表達你的愛意吧！

CHAPTER FOUR

四十歲，珍惜身旁的人

過去這段期間，

我對父母、孩子、手足和朋友夠好嗎？

當他們需要時，我是否用心聆聽陪伴？

如果覺得做得不夠好，那就從現在開始改變。

生命中對你來說重要的人，

他們也一樣需要你。

看見未曾留心的事

來到四十歲這個年紀，會發覺過去未曾留心的事物。例如：我們會忽然看見父母衰老的樣子，內心百感交集。

「父母在我這個年紀時，是什麼樣子呢？」或許他們也一樣無法事事做得完美，一樣會不安、會害怕。四十歲只是數字而已，並不代表真的成熟。父母是否也是過了這個年紀後，才明白這些事呢？

隨著年齡增長，除了智慧外，孤獨感也會跟著增加。孩子們離開父母身邊，和朋友們一起打造屬於他們的世界。上了年紀後，如果能夠理解那些和自己漸行漸遠的人事，孤獨感是不是就不會那麼深了？假如身邊有可以分享這種心情的兄弟姊妹或好友，是再好不過的事了，但能百分之百完全了解我們的人，其實不多。四十歲仍是倍感孤單的年紀。

過去這段期間，我對我的父母、孩子、手足和朋友夠好嗎？當他們需要時，我是否用心聆聽陪伴？如果覺得自己做得不夠好，那就從現在開始改變。生命中對你來說重要的人，他們也一樣需要你。

如果此時的你，看見了那些過去未曾留心注意過的事情，就表示你已變得更成熟了。而過去就算沒注意也不必因此後悔，能平順走過這時間，也正表示這四十年來你過得很好。

孩子，你已經長這麼大了啊！

四十歲的父母，一直以來為生活奔波忙碌，不知不覺，孩子也長大了。過去可能因為忙碌，疏於照顧孩子，也許是不得已，但到了現在，也該花時間好好陪伴孩子。

在大人眼中，這世界充滿艱辛，對孩子而言，也是如此。身為父母的我們不能只活在自己過去的經驗，而忽視了孩子們現在面臨的痛苦。人們總是以自己的角度去看待世界和他人，尤其是父母，更是容易用自己的方式來理解孩子。

翻開過去的相簿，和孩子一起看看他們成長的過程，聊聊珍貴的回憶。如果對自己沒能多陪伴孩子而感到愧疚，就坦率地向孩子表達歉意，孩子會諒解你的。

花些時間和孩子聊天，了解彼此。也對孩子表示感謝，謝謝他們平安健康長大。並告訴孩子，雖然不能常常陪他們，但愛絲毫未減。

透過愛的表達，彌補在孩子成長過程中缺席的遺憾。

無話不談的朋友

四十歲後，友情更顯得可貴。擁有老朋友固然很好，但上了年紀後認識的朋友，有更重要的意義。和興趣相仿或是在同個領域工作的朋友交往，能夠紓解壓力，互相打氣，為彼此帶來勇氣。

年紀越大，越需要朋友，也會更珍惜朋友。和朋友聊天，可以暫時忘卻上了年紀後產生的孤獨。如果總是獨自生活，很容易會悶出病來。

所以到了這個年紀，更需要無話不談的朋友。在四十歲這段充滿荊棘的人生路上，如果不小心被刺傷，暫時停下腳步休息時，至少還有朋友在身旁陪伴。放下固執成見，以溫暖的心互相包容體諒，彼此都能獲得療癒。

我曾聽過有人這麼說：「過了四十歲後，才明白友情的可貴。在那之前，不管做什麼，都覺得自己一個人比較自在。但上了年紀後，覺得可以和朋友一起聊天，分享生活上的點滴更幸福。尤其若孩子還小，因忙於照顧孩子，而感到身心俱疲時，體會更是深刻。」

生活中難免會遇到一些煩心事，不抒發，憋在心裡久了，容易變成大問題。適時和朋友聊天談心，可以讓心情保持愉快。

已婚的夫妻更應該成為彼此最要好的朋友，若能這麼做，婚姻中大部分的問題都能迎刃而解。若未婚，也要有能陪在身邊的朋友，老朋友因生活忙碌，而疏於聯繫的話，也要多認識新朋友。

參加同好會或有興趣的社團，主動認識和自己個性相仿的人，敞開心胸和對方交朋友。當然也有可能會交錯朋友，發現對方接近的目的是為了利益，或是被信任的朋友欺騙，但也不必因為這樣，就認為所有人都不值得信任，而逃避人群。

並非所有人都是壞人，這世界大多數的人都是好人，壞人只是少數，只是因為我們把受傷的事件擴大了，才感覺壞人比好人多。

什麼都不做就期待了解自己的朋友出現，根本不可能，試著主動去交朋友吧！

也有人會把兄弟姊妹，當成一輩子的朋友。畢竟是手足親情，當遭逢變故或困難時，兄弟姐妹感情好的話，也能彼此獲得力量與協助。因此，即使再忙，過了四十歲後，兄弟姊妹間仍要經常保持聯繫，定期聚會聊天，手足往往是最了解我們的人。多花些時間和他們相處，多陪陪他們，這是一份心意也是情意。

手足之間從小吵到大，小時候可能會因為被互相比較而心裡受傷，或是因為弟弟沒有哥哥厲害而被忽視。當時大家年紀都還小，心智還不夠成熟，如今都已長大，試著包容彼此過去犯下的錯誤，用寬恕化解衝突。

緊抓著過去的傷痛不放，會對自己造成傷害。當願意把傷痛說出來時，療癒才會發生。

若真的感到受傷，不要把這件事當成陳年往事聊，而是如昨天才發生的事一般，坦誠說出內心難過的地方。這樣一來，才能重新修復關係，讓親情變得更深厚。

嫉妒心讓人好累

我經常聽到女性朋友這樣說：

「跟女人相處時，總讓我覺得頭很痛，女人們的嫉妒心，讓人精疲力盡。相較之下，跟男性朋友相處反而更自在。」

難道女人最大的敵人真的是女人嗎？其實我們之所以會產生嫉妒心，是因為自尊感低落。自尊感低的人，會因為別人比自己漂亮、拿的包更貴而心生嫉妒。

因此，當我們察覺到自己和別人比較時，出現了強烈的嫉妒心，就必須檢視自己是否有自尊感低落的問題。並非只有自尊感低落的女人，才會嫉妒別人，男人也一樣。不管是女人還是男人，會嫉妒別人，通常是因為強烈的自卑感作祟。有時男人的自卑感甚至會比女人來得更嚴重，因為男人很少被誇獎認同。

無論是女人還是男人，若自尊感較高，擁有健康的心態，就算和別人比較，也不會覺得自己矮人一截，自然也不會產生嫉妒心。

自尊感低落的人，會不自覺拿自己跟別人比較，當全身散發出嫉妒的敵意時，或許自己察覺不出來，但對方不可能感受不到。

若出現這種狀況時，建議大家試著從嫉妒的對象身上，找到優點，真心誠意地讚美他，否則嫉妒不斷加深，最後很有可能會導致關係破裂。

嫉妒的出現是不自覺的，當嫉妒心出現時，關係就會出現問題。從小自尊感低落、缺乏自信的人，會看不見優點、否定自己的魅力。但每個人都有自己專屬的魅力，差別只是有否展現出來罷了！

一直覺得自己毫無魅力的你，也有獨特的魅力，但這必須要靠自己去發掘。找到魅力，重拾自信後，即使站在比自己更有魅力的女性身邊時，也不會嫉妒。沒了嫉妒心，就能真心讚美對方，而這樣的女人更美麗。

沒有所謂「女人的嫉妒心都很重」這樣的事，並不是所有女人都是如此，如果心裡一直抱持著這樣的偏見，很有可能問題是在自己身上。

沒有完美的父母，也沒有完美的孩子

想擁有健康快樂的人生，照顧好自己和身邊的人，是很重要的。當他們難過時，有足夠的力量，成為他們的心靈支柱。

要成為一位「好」父母，必須先放下對「完美」的執著。這世上沒有完美的人，在教養的路上，也沒有完美的父母，就連我們的父母也都不完美。我們能做的，只是竭盡所能去愛而已。

不管孩子多大，父母愛孩子的心都是一樣的。不會因為今天心情不好，就對孩子拳打腳踢、破口大罵；也不會因為今天心情很好，就稱讚做錯事的孩子。

曾有一位四十多歲長期飽受憂鬱症所苦的女性來找我諮商。她有兩個孩子，一個念小學，一個念國中。一直以來，她和孩子的關係並不好，只要孩子沒寫功課或睡過頭，她就會暴跳如雷大聲斥責孩子。

某天，她在教大兒子寫功課時，突然一股怒火湧上來，生氣的打了兒子一巴掌。孩子嚇了一跳，轉身跑回自己房間把門關上。她一個人坐在客廳裡，手不停顫抖著。

接著，這位母親做了一件非常勇敢的事，她跪在孩子面前，向孩子道歉。原本既生氣又傷心的兒子，被媽媽突然的舉動嚇了一跳，看到媽媽真心道歉後，他心裡的委屈和憤怒頓時消散，母子倆緊緊地抱在一起。

雖然她打孩子耳光的事，很可能讓孩子心裡留下難以抹滅的傷痛，但她當下立刻向孩子道歉時，其實已在瞬間修復了破裂的親子關係。或許有些人會覺得：當媽媽的怎麼可以向孩子下跪？但如果是自己做錯事，不小心傷害了最愛的人，有什麼比修復他內心的痛更重要呢？

真正的父母，並不是一味維護自己的尊嚴，而是當傷了孩子的心時，即使是下跪，也願意去撫平孩子受傷的心，這才是真正成熟的大人、成熟的父母。

這位母親是我見過最了不起的女人。最好的父母，並非完美的父母。即使不完美，也願意接納自己的不完美，勇於認錯道歉，才是最好的父母所擁有的特質。

「我這麼做一點錯也沒有！我是孩子的爸媽，經歷的比孩子多，我說的話一定是對的。」

「你是我的孩子當然要聽我的話啊，我叫你做什麼就做什麼！」

抱有這種態度的成人，是比孩子還不成熟的人。對孩子來說，不管在幼時，還是長大後，他們都不會是孩子心目中理想的父母。

四十歲的K先生，從小在父母的批評和負面的言語中長大。他雖然功課很好，但母親對他總是百般挑剔，說他除了念書之外，什麼都不會。這些話像斧頭一樣鑿穿他的心。

到了四十歲後，擔任主管職的他，因為富有責任感且成熟穩重，能力備受肯定，但心裡卻經常覺得空虛。雖然表面上看起來開朗，但在工作上當需要與陌生人接觸時，總會讓他感到焦慮不安。不管再怎麼努力，都填補不了的空虛感，讓他的中年人生陷入黑暗。

他閱讀了各種與憂鬱症相關的心理書籍，卻沒有太大幫助。他對自我要求很高，事情也都做得盡善盡美，難道只是因為沒能獲得父母的肯定，就感到痛苦？他無法接納這樣的自己。

父母對孩子說的話，不單單只是言語而已，對孩子來說，父母是他們的天與地，父母說的話，是他們的全世界。

飽受憂鬱症所苦的K先生，決定接受心理治療，他花了兩年的時間直到不再害怕接觸人群，才結束。之後，總是容易感到自卑的他，自尊感提升了，父母沒能為他做到的事，他透過諮商治療自己做到了。雖然花了二年的時間，但他努力療癒兒時的心傷，最後成為了自己最好的父母。

好的父母會以穩定的情緒教養孩子。不是「限制孩子犯錯」，而是「允許孩子犯錯」，讓孩子擁有改過自新的勇氣。從父母那獲得心靈免疫力的孩子，長大後會懂得照顧自己，成為身心健全的人。想要增強孩子的心靈免疫力，父母不需要做太多，只要觀察孩子的情緒，同理孩子的感受。當孩子陷入低潮或負面情緒時，陪在身邊幫助他們察覺。如果父母無法同理孩子的情緒，會造成孩子壓抑或逃避情緒。

「我媽媽根本就不可能會改變，即使到了六十歲，還是不覺得自己有錯，也不願意承認錯誤。事到如今，我還可以怎麼做？」

小時候曾遭受母親毫無理由毒打的某位四十歲女性，第一次找我進行心理諮商時，對我說了這些話。

就像她說的，除非奇蹟發生，否則她的母親是絕不可能認錯，也不會向女兒道歉的。然而，當我和她的母親見面時，我可以感受到她不想失去女兒的心情。雖然不知道自己有什麼問題，但她還是渴望能修復和女兒的關係。反倒是女兒因為心裡受傷，內心狀態比媽媽更封閉。母女倆如果想敞開心扉好好溝通，母親必須要花很長的時間，才能理解女兒的心情。

想要解決父母和孩子長期相處上的問題，不能操之過急。衝突累積的時間越久，會需要花越多的時間，才能化解彼此的心結。如果父母不知道該如何同理孩子，可以尋求專家協助，覺察壓抑在心中的情緒為何？是什麼問題導致關係惡化？

帶著原生家庭創傷，就無法當一個好父母嗎？當然不是。雖然會很辛苦，但具有勇氣和意志力，盡好父母應盡的責任，就能從不幸中走出來，走在守護子女的道路上，是你的責任。

萬一到現在和父母的關係還是不好，該怎麼辦？沒有人可以選擇自己的父母，但不管遇到什麼樣的父母，人生是自己的。就算讓你傷心難過的人，依然沒變，你一樣可以為了自己改變。不要讓自己陷入受害者想法中，錯過療癒自己的機會。當心中出現負面想法時，有意識地消除它們。

年齡也解決不了的問題

四十歲過得不幸的中年人，大部分心裡都抱著自怨自艾的想法。因為生在不幸的家庭、小時候沒遇到好老師、沒交到好朋友、沒辦法念好學校、沒有找到好工作……用各式各樣的理由，合理化自己的不幸。

自怨自艾，是人們最容易啟動的自我防禦機制。當面對生活上的困難時，它像是一種鎮痛劑，能稍稍舒緩心中的壓力。然而，活在自怨自艾裡的人，會一直困在悲傷的情緒中。對父母、兄弟、朋友的怨念也會越來越深，陷入了負面情緒的陷阱裡。

隨著年紀增長，有些人並沒有增長智慧，也沒有因此變得更圓融，反而變得更固執，對別人的敵意更強。他們把自己受的傷，當作是武器，想藉此獲得（傷害別人的）免死金牌。

把憤怒發洩在別人身上，除了透露出內心世界的崩壞和痛苦，也是一種過度自戀的表現。

最近令人怵目驚心的兒虐新聞事件層出不窮，明明應該是最疼愛孩子的家人、親戚和師長，卻用棍棒打小孩、把孩子關在廁所潑漂白水……這些不人道的虐待行為，經常出現在我們的社會中。一想到那些臨死前飽受虐待的孩子們，實在令人揪心不已。

虐待傷害的不只是孩子的身體，更是重創他們的心靈。打在孩子身上的藤條，也一樣打進了他們的心。然而加害者很容易忘記自己曾對孩子做過這些事，沒人記得的傷痛，獨留在孩子心中。

隨著時間流逝，孩子身上的傷口會痊癒，但破碎的心卻無法自行癒合。他們不像在健全家庭中長大的孩子，從小過著沒自尊、沒安全感，充滿不幸的生活。對這些孩子來說，他們不認為這是大人的錯，反而會覺得挨打是一件很丟臉的事，恨不得把自己藏起來。虐待摧毀了人類最基本的尊嚴，也是最容易擊垮一個人的犯罪行徑，長大後，他們必須很努力才能療癒心中的傷痛。

在眾多虐童新聞中，最令我感到震驚的，是一位繼母虐殺了孩子後所說的話。當記者訪問她，為什麼打死孩子時，她是這麼辯駁的：

「我從小也是被虐待長大的啊！」

因為自己從小也是被虐待長大，長大後也跟著虐待孩子，還一副理所當然的態度，實在令人感到錯愕。我們身邊不乏類似這樣的案例。從小被打到大的孩子，長大後打自己的孩子，變成有暴力傾向的父母，一代又一代被不幸的枷鎖綑綁住。難道，真的沒有人可以打破這樣的惡性循環嗎？明明該好好捧在手心疼愛的孩子，怎能因為自己也被虐待，就把小孩給打死？這個問題，恐怕沒有人可以回答。

誰都沒有傷害別人的權利，不能因為自己受傷就去傷害別人。自己受的傷，要靠自己去療癒，不是為了別人，是為了自己。不管好或壞，我們都必須要為自己的人生承擔負責。陷入自怨自艾，過度放大傷口，那只是一種病態的自戀而已。

就社會層面而言，必須加重虐童刑責並增設父母教育課程。如果政府不改善有關虐童的法規，受害者會一直不斷出現。因此，必須提高更具執行力的判罰標準，並加強宣導虐待是犯罪行為的觀念。

「只有願意正視傷口，才能讓自己真正的完整。」

這才是真正的愛自己。唯有從傷痛中獲得療癒，或是正努力療癒傷痛的人，才懂這句話背後的深義。

重新再站起來的勇氣

曾有一位年近九十的女士，在兒子的攙扶下，踏進諮商室來找我。比起身體上的病痛，她花了更長時間與憂鬱症抗戰。晤談後，我得知她的憂鬱症是來自生病的父母。即使現在的她，已患有重聽，但在原生家庭中遭遇到的暴力言行，直到今日依舊猶然在耳。

與活了九十年的歲月相比，童年時光雖然短暫，但不好的記憶卻纏著她一輩子。我心想，要是她能早點尋求協助就好了。那些心裡有傷的人，不管是十幾歲還是八十幾歲，都有同樣的心情，總覺得是因為自己太軟弱，才無法遺忘過去。要擺脫過去，只有一個方法，就是拿出「勇氣」面對。

受傷的勇氣、重新站起來的勇氣、擺脫羞愧和罪惡感的勇氣、道歉的勇氣、展現脆弱的勇氣……自信需要勇氣，變老也需要勇氣。而你，絕對擁有這樣的勇氣。

所謂活得精采，並非在社會上獲得崇高地位或是事業有成。有地位、錢賺得多不見得生活就過得好。想活得精采，必須拿出最純粹的勇氣活出自我。真正純粹的勇氣，是不會因為任何狀況而改變的。

有些人會因為過去過得不好，而限定了自己的未來，認為幸福對他們是種奢望，用悲觀的思維把自己困住。因為不想對自己的感受負責，而拚命壓抑逃避。不要太過仰賴那些舊有的感受和想法，它們只是待得「比較久」，並不表示是「對的」。

為了不掉到瀑布裡，奮力往反方向划，雖然過程痛苦，但最終將能划到平穩的河流中。正如同自我覺察雖然痛苦，但為了不讓自己越陷越深，需要拿出自信和勇氣，讓自己重新站起來。

練習好好說再見

心愛的人驟逝的痛苦，無論過多久，都令人難以釋懷。我曾看過一位母親為不幸罹難的女兒在生日蛋糕上點蠟燭慶生的照片，那畫面讓我久久難忘。至親的離去，最痛的莫過於白髮人送黑髮人。

哀傷、悲戚，這些言語都不足以形容這樣的痛。我的母親因為一場意外，失去了他最心愛的么子，我最小的弟弟。弟弟的離開，讓整個家陷入愁雲慘霧中。父親因為承受不了這樣的打擊，隔沒多久也過世了。母親則像發瘋似的，到處尋找弟弟的蹤影。而我到現在一想到弟弟就會揪心不已。

無論是誰，都可能會面臨突如其來的離別。可能是和戀人分手，也可能因為意外失去親人。過了四十歲後，不管是哪種離別，都離我們不遠。

若哀傷時有人陪伴，悲傷便能消減一些。因此，如果我們身邊有人正在承受離別的痛苦，請陪伴著他。

生命有時會迎來悲傷，就像初冬凜冽刺骨的寒風一樣，和心愛的人經歷生離死別，任誰都會心痛。

彷彿總在身邊的父母、兄弟姐妹，或早或晚也終須一別。生離固然令人難過，但死別的痛苦更糾心。面對死亡，許多哲學家和文學家都曾探討過這課題，每個人感受到的層次也都不同。

逝去的人和自己的關係深淺？彼此如何相處？他的人品如何？關係不同，刻劃在每個人心中的痛苦和悲傷程度也不同。

因此，面對每一次離別，都需要練習好好說再見，練習好好悲傷。有些人失去子女或心愛的人，心痛到連哭都哭不出來。然而悲傷沒有好好釋放，流不出來的淚水會讓心生病。

也有人在心愛的人過世後，怕整理遺物會觸景傷情，就這樣放了好些年。只有面對悲傷，能鼓起勇氣整理遺物時，才有辦法真正走出來。一輩子活在痛苦中，絕非逝者所願。他們希望看到的是活著的人，能夠幸福地度過餘生。

死亡是人生的終點，每個人都會面臨死亡。逝者已矣，生者如斯，不管怎樣都要好好珍惜眼前和身邊的人。把每天都當成最後一天來過，因為我們永遠不知道明天會發生什麼事。

經歷過離別的傷痛後，悲傷會為我們帶來更深的體悟、讓我們成長。請記得，分開不一定是壞事，有時反而能因此展開新的關係。悲傷也未必不好，當發生令你感到傷心難過的事時，請不要把悲傷藏在心裡，如實地、盡情地去體驗它，這是面對離別最好的方法。

邁入四十歲後，必須做好準備面對離別，練習好好說再見。

拋開語言偏見

每個時代、每個地方，都會有沿襲已久的習慣用語。有些話可能變成俚語，有些話可能被解讀成完全不同的意思，卻經常被大家使用。

很多時候，我們說某些話時，可能連這句話背後真正的意思都不了解，甚至是錯誤理解，而不經意說出傷人的話，破壞人際關係。這些話經常出現在生活中，我們可能根本沒有意識到，它具有傷害性，不自覺就脫口而出。四十歲的我們，必須修正這樣的行為。

以下幾個是生活中經常出現的語言偏見：

「你太弱了」

對那些經常流淚、容易受傷的人，很多人會對他們說：「你這樣太弱了啦！」這句話其實帶著嘲諷意味，嘲笑太軟弱的人，無法在險惡的世界中生存。但心地善良、個性溫暖的人，本來就比較敏感，這樣的性格真的不好嗎？

軟弱這句話之所以會帶有負面批評的意思，某種程度上也是出於心疼，替那些容易受傷的人感到惋惜。不過，用心地善良、心地溫柔這樣的話來形容他們不是更好嗎？軟弱的相反詞是「強勢」，難道對人說「你太強硬了」、「你太強勢了」，會比說他「軟弱」來得好嗎？

「強勢」與「軟弱」一樣都沒有不好，只有用強硬和強勢來傷害別人時，才是不好的。因此，不能用「軟弱」或「強勢」來批評別人，這只是每個人的個性特質而已，沒有好壞。

不要再用軟弱來嘲諷別人，請改用心地善良、溫柔來鼓勵他。你或許比較喜歡個性強悍的人，但沒必要因為這樣就去批評不同個性的人。個性強悍的人，不要以負面的眼光看待個性軟弱者。即使個性不同，也要懂得互相尊重。

「你真的很固執」

固執和堅定兩者似乎很相似。但頑固的意思是指，即使是不對的事，也堅持自己是對的，不肯接納別人的忠告或建議。而堅定則是指不被別人影響，堅守自己正確的價值觀行事。

對不聽自己話的人生氣時，很多人經常會批評對方：「你這個人真是固執！」然而，每個人都有自己的信念和想法，只因為對方不肯聽話照做，就指責對方太固執，其實也是在傷害對方。

不可以隨便罵別人太頑固。犯罪後不肯悔改，一犯再犯，才是冥頑不靈；做壞事不反省，一錯再錯，才是太頑固。像這樣的人，我們才可以說他們固執。如果不是這樣的情況，請不要任意用固執來批評別人，尤其是對年幼的孩子，這會嚴重傷害他們的自尊心。

「A 型的人都很小心眼」

用血型貼上個性標籤，是大多數人經常犯的錯誤。因為太害怕自己被貼上不好的標籤，甚至還出現「我其實是像O型的A型人」這樣的說法。不過，光憑四種血型，豈能區分出所有人的個性？

每個人身上或多或少，都有這四種血型的性格特徵。在觀察血型和個性關聯的實驗中，也顯示出根據狀況或心理狀態不同，有的人可能某些時候看起來像小心翼翼的A型，但某些時候看起來又像個性活潑的B型。

我認識許多口才很好、活潑外向的A型人，也認識不少個性嚴謹、害羞內向的O型人。如果從每個人的個性特質只挑一項來看，可能會覺得和某個血型的特質很像，但人的性格是很多元的，有優點也有缺點，不要用這麼簡單的方式來評斷一個人。如果有人問你血型時，要讓他們知道用血型來評斷一個人，是不明智的作法。

「你個性太內向了，要改」

這是很多父母會對內向孩子說的話。但個性內向真的不好嗎？很多人對內向人格有偏見，認為個性內向會吃虧。因此，父母們會希望孩子的個性不要太內向，想改變孩子，強迫孩子多參加活動，但經常造成反效果。

個性不管是內向還是外向，都各有優缺點。個性內向和害羞膽小不能劃上等號，並不是個性內向的人就一定膽小，個性外向的人也不一定大膽。

內向型的人說話前，怕說錯話，會先在腦海裡整理過想法後再說出來，讀書、工作也更有效率、更有成就。而個性外向者，想到什麼就說什麼，容易說錯話，不過他們一有想法就立刻行動，做什麼都衝勁十足，也比較容易和陌生人親近，社交能力較好，這是他們的優點。

內向型的人，不管和任何人相處，都需要花時間了解認識，和外向型的人相比，他們似乎比較慢熟，看起來不大愛講話、悶悶不樂的樣子。不過只要給他們一些時間，就會了解他們其實很善於表達，說話更有邏輯，這是內向型的性格特質。

如果一直批評內向不好，反而會讓他們變得更膽小。膽小跟個性傾向本身無關，無論是個性外向，還是內向的孩子，假如每天都被批評、謾罵，心受傷了，任誰都會變得畏縮、膽怯。膽小是指失去大方、有自信的狀態，而非個性。

個性內向不是壞事，膽小也不是缺點，有時甚至是優勢。不過若膽怯的原因是因為心受傷了，為了保護自己而如此，那就該好好療癒傷口。

「我只是個性急、說話直接」

「我只是性子急，容易生氣，但發完脾氣就沒事了。」這是愛生氣的人，為了合理化自己的行為，經常說的話。

沒有人天生愛生氣，年幼的孩子易發脾氣，是因為心智尚未成熟。而成人這樣的說法，只是為了掩飾錯誤，替壞脾氣找到合理化的藉口。

急性子的人，若擁有健全的心態，未必愛發脾氣。愛生氣的人通常是因為內心受傷，充滿了不安和憤怒，怒火才會動不動就一觸即發。發完脾氣後，自己覺得痛快了，甚至像沒事一樣，但卻讓身旁的人受到影響，痛苦許久，時間一長會影響到彼此的關係。

與其用這樣的話替自己找藉口，到不如坦白地跟對方說：「我可能內心有很多傷痛與憤怒，所以才跟孩子一樣愛生氣……」。

「你也太敏感了吧？」

敏感，這個詞經常被冠上負面含意。通常我們說一個人太敏感時，意思是指他的個性太龜毛、難搞。但這是錯誤的想法，很多事情是需要敏感的，如果不敏感，就無法做好一件事。像藝術家或進行精密研究的人們，如果不敏銳，就無法完成偉大的藝術品，也不會有卓越的科學成就出現。

覺得個性敏感不好的話，難道個性遲鈍就是好事嗎？

人類有一種防禦心理，當自己心理不舒服時，會不自覺地把所有事情都解讀成負面意思，因此高敏感者很容易會把很多事情作出負面解釋，甚至出現帶有攻擊性的行為。但高敏感者也讓世界得以發展，創造出許多美好，世界上許多音樂、美術和文學家都是高敏感的性格。

「你人也太好了」

不知從何時起，開始流行起「老實男」、「佛心店家」、「佛心價」這樣的用語。老實、善良，本來是誇獎人的正面用詞。我在咖啡廳寫作時，也經常聽見女孩們在聊天時說：「還是老實男比較好，錢再多人品差也沒用。」。

但「好人」這個詞，有時也帶有酸人的負面意思，意即人太好、沒主見、性格軟弱，容易被別人影響。

很多父母在孩子小時候經常對他們說：「要當好孩子乖乖聽話。」久了，孩子也會認為得聽話才行，於是壓抑自我的想法，勉強當個乖小孩。這樣的孩子長大後會習慣看別人臉色行事，與人相處時容易緊張，該說的話不敢說，該拒絕的事情不敢拒絕。當然，他們也會發現自己的問題，知道自己「個性太過善良，不懂得拒絕別人，才會過得這麼累。」

有些人會故意用「好人」的標籤來利用別人，因此我們總下意識的抗拒當好人。但好人真正的意思，是指心地純真、善良的人，我們都應該要成為這樣的人，當一個不隨便酸別人、傷害別人的好人。

「你太情緒化了」

「情緒化」常被認為是負面語詞。在人格量表中，有感性型的人和理性型的人，兩種個性沒有好壞，都各有優缺點，都可能會出現情緒化的時候。有情緒並非壞事，感受不到情緒才是問題。

當一個人有情緒時，請不要指責他情緒化，而是試著關心他：「怎麼了？你看起來好像心情不好。」人本來就會有情緒，這是很自然而然的。察覺不到自己的情緒，才是最可怕的。

我經常看到生命中經歷過重大創傷的人，像是自我麻痺一樣把心封閉起來，而感受不到他的任何情緒。即使嘴上說著悲傷的故事，臉上也一樣面無表情。這樣的人，最令我心疼不捨。

當人表現出情緒激動的樣子時，至少表示他還願意袒露傷口。因此，看到情緒激動的人時，請試著理解他內心的傷痛，予以關心慰問。

我們為了佔上風、為了證明自己不是弱者、為了掩飾自己不好的一面、為了控制或威脅對方，總是不自覺說出傷害別人的話。但這樣的表達方式，可能會對別人造成傷害，四十歲的我們，必須改掉這樣的習慣。

聖經馬太福音第十八章中寫到：「凡使這信我的孩子跌倒的，倒不如以大磨石栓在這人的脖子上，沉在深海裡。」意思是要提醒我們「謹言慎行」，如果做出傷害人的行為，被丟到深海裡都不為過。

當我們口不擇言時，容易傷害到身旁的人，有時候一句話就能壓垮一個人。因此，說話前要先三思，學會用正確的方式來好好表達。

CHAPTER FIVE

四十歲，我走的路是對的嗎？

不必再像十幾、二十歲一樣，忙著迎合別人的標準，
這一刻開始，走自己的路吧！
看看自己對什麼事感興趣，想學什麼東西？
就算只有一年，甚至一個月都也好，
只要能樂在其中，好好享受這份幸福，
這段時光將會是你一輩子的養分。

都這年紀了，還能做什麼？

有許多四十歲的上班族，在工作上陷入不安焦慮的狀況，不知道自己目前在職場上的方向是否正確？未來職涯該如何規劃？也會擔憂退休後的生活。假如目前從事的工作，並非自己喜歡的，會更令人煩惱。四十歲很可能是最後一次可以挑戰自己真正想做工作的機會了。

為了生產和育兒暫別職場的家庭主婦，到了四十歲也會開始煩惱，該不該重返職場？但要找到穩定並與所學相關的工作並不容易，大多數人都是做著與過去所學毫不相關的工作，領著少少的薪水過日子。工作就已經夠累了，如果又遇到正值青春期的孩子叛逆不聽話，只會讓人更心力交瘁。若孩子叛逆，再加上先生不體諒還反過來責怪，很可能會開始懷疑自己的人生，甚至覺得失去了自我的價值。

為家付出一切的女性，面對這樣的責怪，確實會令人感到心寒。過去辛苦養兒育女，認為自己為了家，不管什麼都可以做得到的自信心消失了，甚至開始害怕起未來。她們不過是希望能減輕家裡經濟負擔，同時在工作中實現自我，但重返職場對四十歲的女人來說，似乎不容易。

邁入四十歲後，總覺得這個年紀，再不做些什麼就沒機會了。

確實好好把握機會，做真心想做的工作，是真的可以藉此展開人生的第二春。然而，大多數的人可能根本就不曾行動，只是不斷煩惱真的有可能做得到嗎？此時我們的目標，不應設定在賺多少錢，而在是否能做自己真心喜歡的工作？想知道這個問題的答案，可以問問自己：

「做這份工作會讓我感到幸福嗎？」

「做這份工作會讓我獲得成就感嗎？」

「十年後我的想法還會跟現在一樣嗎？」

如果答案是肯定的，就努力去實現你的夢想，做你真心想做的工作吧！萬一家人不支持，試著先聽聽他們的意見，評估反對的理由是否合理？深思熟慮過後再做決定。
若沒有家人的支持和精神上的鼓勵，堅持己見一意孤行，很容易會做出錯誤決定。

還有機會實現自我嗎？

即使稍微晚了些，但只要願意鼓起勇氣，從現在起，努力實現自我，對社會也是一種貢獻。

四十多歲的C小姐，結婚後研究所念一半就休學了，去年復學後，她比過往任何求學時期都還要熱愛學習。她的夢想是當一位社工師，雖然目前在學業和家庭間還很難取得平衡，但在老公的支持下，她努力上課。一邊帶孩子，一邊讀書。重拾學生身分後，她才發現念書原來這麼有趣，自己原來這麼熱愛學習。

跟比自己年紀小的學生們一起聽課，C小姐難免會覺得有些難為情，但有時候也會遇到和自己一樣，生完小孩後才重回學校念書的戰友。在圖書館準備考試和報告時，她彷彿回到青春歲月，雖然辛苦，卻很值得。

想像自己取得碩士學位的樣子，內心更是悸動不已。她一邊埋頭苦讀，也偶爾搜尋社工師可以做哪些事情？不再以誰的媽媽、誰的老婆活著，而是以身為這社會的一份子，過自己想要的生活，讓她感到踏實滿足。

另一位女性因為喜歡咖啡的香氣，決定挑戰咖啡師證照。幾個月的課程訓練，讓她樂在其中，結交到許多志同道合的新朋友，甚至有了夢想，希望能開一間咖啡廳。雖然她也曾懷疑過，都已經過了四十歲，才來做這些會不會太晚？但開始嘗試新的挑戰後，帶給她意想不到的喜悅和感動，讓自己比以前更有朝氣活力。

過了四十歲才挑戰創業或讀書的女性們，一開始心裡其實是很不安的，但跨出第一步後，也會慢慢變得越來越勇敢。朝夢想前進的路上，即便少不了挫折難過，但也替下定決心嘗試挑戰的自己感到驕傲。

不去挑戰，被擔憂和恐懼困住，任何事都做不了。趁現在去挑戰二十多歲時來不及做的事吧！就算不是什麼了不起的事也無妨。

不再像二十幾歲時，以學業成績決定自己的未來，從現在起，勇於挑戰心裡真正想做的事。一開始的不安，在開始慢慢嘗試後，焦慮會煙消雲散，自信也會慢慢增加。

千里之行始於足下，唯有開始行動，才能達成夢想。

成功不是一切

不久前，我看到一篇新聞報導，一名事業有成的中年男子自殺身亡。他在美國取得博士學位後，創業有成自己當老闆。前途一片光明的他，卻選擇結束生命。他經常跟身邊的朋友說，自己很孤單，到最後都沒能找到，可以理解他心情，陪在身邊關心他的人。

在社會上努力奮鬥不懈的中年男子們，其實很容易陷入這樣的危險。雖然不能一概而論，但相較於女性，男性們陷入憂鬱時，自我孤立的傾向更為強烈。

尋求心理諮商的人，百分之九十是女性。女人們遇到問題時，大多會積極提出來尋求協助，但男人則不然。因為在父權社會下，大多數人認為身為父親（男人）就應該要堅強。即使感到孤單，也只會深埋心底。

為了追求幸福，而渴望獲得成功；為了獲得成功，而付出大把青春往上爬的男人們，為何終於站上成功的巔峰後，依然不快樂？

為了追求事業，一路走來擊敗了眾多競爭對手；為了當一個好爸爸辛苦賺錢工作，卻沒時間好好陪伴孩子；為了當一個好老公，想給妻子更好的生活，卻忽略了關心妻子。漸漸地，和家人同事關係越來越疏離。到最後即便站在事業高峰，身邊也沒有可以一起分享喜悅的人。

獲得了成功卻失去幸福；感到孤單難過時，沒人陪在身邊。即使得到全世界，也開心不起來。

如果事業成功比生命更珍貴，我想那位中年男子或許就不會選擇結束生命。

十幾歲時，我們在學校很快就能和初次見面的同學變朋友，但步入中年後每個人的生命歷程變得更加不同，很難交到真心好友。職業不同、價值觀不同的話也很難好好聊天。好不容易聚在一起，談的往往是誰的婚姻更幸福？誰開的車更高檔？幾乎不可能有更深入的情感交流。在社會和家庭中最容易被冷落的人，正是年過四十歲的中年男性們。

「每個人都是孤獨的，只是硬撐著而已。」

這句話固然沒錯，人本來就是孤獨的。但不能逼自己強忍寂寞，強迫自己接受孤獨，這麼做只會讓自己越來越孤單，到頭來很可能會被孤單吞噬。每個人都會感到孤獨，但不能因為這樣而把自己逼入絕境。

有時候，輕微的孤獨感來襲，是在提醒生活忙碌的人，稍微停歇腳步。孤單，是一種訊號，是讓自己有機會去思考：「為什麼會感到孤單？是不是錯過了些什麼？」因此，孤獨不一定是件壞事。

但如果嚴重到出現不想活的念頭，請先把一切事情暫停下來。不要覺得「男人應該要堅強，忍一忍就沒事」，當內心發出求救訊號時，必須要用心聆聽。為什麼感到孤單？原因是什麼？我們可以尋求值得信任的專家協助，不必自己一個人硬撐著，其實我們不過是需要有人理解而已。

「為什麼會一直覺得很孤單？這深層的孤單感是從哪來的？」

並不是拚命工作賺錢，人生才叫充實。我們需要的是，進一步思考自己拚命工作的內外在動機是什麼。如果沒有思考，只是埋頭往前衝，是在浪費自己寶貴的生命，甚至會讓自己陷入危機中。即便內心脆弱，也不要失去信心；心受傷了，也要當個勇敢尋求協助的人，擁有不讓傷痛和憂鬱打敗自己的決心。

尋求諮商的中年男性們，有時會擔心被人冷嘲熱諷說他們太脆弱，但在我看來他們卻比任何人都還要努力，想找出自己的問題。我由衷地敬佩這樣的人。

隨著年齡的增長，比起追求成就，更需要回歸到自己的內心。去思考工作是不是你的全部？去看看現在陪在你身邊的人有誰？我們有好好聆聽孤單背後想傳達的訊息嗎？

不要壓抑，學習釋放

小時候，我的夢想總是隨時在變：畫家、歌手、總統、芭蕾舞者、科學家、醫生……那是一個可以盡情作夢的時期。但不管是過去還是現在，許多父母為了讓孩子擁有穩定的將來，都會建議他們去找一份可以賺錢又安穩的工作。即使孩子對美術、音樂感興趣，也會反對他們走上那條路。或許是因為這樣，現在把上班族、公務員當成是將來志願的小學生，據說還不少。

看到孩子們這麼早就侷限自己的未來，實在令人感到惋惜。究竟是什麼讓年幼孩子們的世界蒙上一層現實的灰？

父母當然是出於愛孩子的心，才會希望幫孩子規劃一條最好的路。雖然明明知道這麼做很可能會讓孩子痛苦一輩子，但還是會用「要是我的孩子怎樣就好了」的話，將期待強壓在孩子身上。

四十多歲的D先生，辭掉了原本安穩的工作。因為覺得工作很辛苦，再加上在公司人際關係不好，忍了七年的時間，他終於決定辭職。離開公司後的他，第一次覺得，自己像是被解放了一樣。

但這樣自由自在的感受只是暫時的。當他在家時，感覺妻子動不動就挑他毛病。好不容易終於有了時間，想和孩子們一起去旅行，但過去因為工作忙碌，和孩子的關係較疏離，和孩子相處時，他們反而很不自在。

享受了短暫的自由，旋即被綑綁住。D先生突然覺得自己很無能，連在家裡也狼狽不堪，他覺得步入中年後的自己，好像一無所有……

後來他決定提早開始找新工作，但找來找去，找不到令他想做的事。事實上，他根本連想都沒想過，自己要做什麼？他也從沒計劃過自己的職業生涯。從小他的母親就幫他設定好目標，拚命苦讀就是要上首爾大學企管系，但即便達成目標，他也不覺得開心，因為那只是為了滿足母親的期待所做的事，即使到了現在也一樣，他被迫找的都是他壓根不想做的工作。

四十歲的Ａ小姐也是如此，因為在公司待不下去而選擇離開。她從很久以前，就患有憂鬱症和焦慮症。嚴重時，甚至會出現恐慌症，也曾服用藥物治療。職場中激烈的競爭和女同事們間的隔閡與衝突，讓Ａ小姐感到心力交瘁。經過二十個月的心理治療，把累積在內心長久以來的憂傷和不安傾瀉而出後，她發現這份工作其實是適合自己的，於是重返職場回到原本公司。

這些例子或許看起來太過極端。但千萬不要輕忽，年屆四十，內心憂鬱的程度。因為過去長久沒解決的問題，會在此刻敲門，長時間累積在心中的壓力若沒有適時地釋放，任誰都可能會生病。

大部分的人都習慣壓抑。聽見有人遇到痛苦的事，很容易就會勸對方：「那種事快點忘了吧！」聽到建議的人，如果不照對方的話去做，會覺得自己好像太過脆弱，於是只能假裝隱忍、遺忘。但痛苦不會被遺忘，也無法忍耐。

過度類化[②]和合理化，是很常見的心理防禦機制。很多人會因為自己也是這樣走過來的，就覺得別人也應該如此，沒有思考過就給對方建議。這就是為什麼許多憂鬱症患者，即使得了憂鬱症也不敢說出來，強忍在心裡，造成自殺率居高不下的緣故。

因此，當內心感到痛苦時，不要隱忍，要適時把痛苦釋放出來。

② 過度類化（Overgeneralization），臨床心理學專有名詞，意指僅從幾個單獨事件，就將結論不合理的類推到各種情境。

自我實現的需求

在美國心理學家亞伯拉罕．馬斯洛（Abraham Maslow）提出的「需求層次理論」中，他以金字塔形式把人類的需求分成五種層次。當某一種層次滿足後，會再追求下一層次的需求，而位於最底層第一階段的需求是「生理需求」，像吃飯、睡覺、如廁等都是。

第二階段是「安全需求」。當生理需求被滿足後，會開始追求身體、經濟、情感上的安全狀態。當達到這個狀態後，接著進入到第三階段「社交需求」。由於人類無法獨自生活，會想要在社會和家庭中與人建立連結關係，再從關係中找到歸屬感。

第四階段是「尊重需求」，也就是渴望獲得他人的尊重和認同，像自尊感和自信心等即涵蓋在這個階段裡。

第五階段是「自我實現需求」，這是最高層次的需求。在這個階段中，人們渴望能夠發揮潛力，讓自己獲得成長，找到自我存在的價值與意義。

馬斯洛的人類需求五層次理論，被廣泛運用在心理學和行銷學上。但這個理論難以透過科學方式驗證，也被批評界定的標準不夠明確。在馬斯洛過世前，他也指出這個理論的侷限性。

到後來，他甚至認為這個理論的金字塔，其實應該是顛倒過來才對。自我實現需求，才是人類最根本的需求。在物質充裕的時代裡，渴望自我實現的需求，在生活中有著舉足輕重的作用。

心理治療過程中的最後階段是「自我實現」。從憂鬱症走出來的人，很自然會出現實現自我的渴望，也有很多人在這時候會找到新工作或新夢想。

扭轉人生的契機

從一八九頁裡A小姐的案例中，我們可以知道，並不是覺得目前的工作很累、很辛苦，就表示這工作不適合自己。當然也有人，跟A小姐不同，因為不是做著喜歡的工作，於是選擇攻讀研究所、出國遊學、學習心理諮商，或是取得其他專業執照，為自己尋找新的出路。

今年剛滿四十歲的P小姐，為自己安排了「空檔年」（Gap Year），她到泰國當國際志工。看起來應該是二、三十歲時年輕人做的事，到了年屆四十歲才做，似乎嫌晚了，但她仍鼓起勇氣嘗試。在新的環境生活、和新的人事物相遇，意外地讓她樂在其中。在偏鄉地區為了孤苦的孩子們做飯，也絲毫不覺得辛苦。她從來都不知道，自己原來可以這麼開朗、外向。

當初P小姐決定這麼做之後，好友們紛紛勸她，擔心她這個年紀辭職，之後該怎麼辦？但她卻一點也不後悔。在這遙遠陌生的土地上，她才感覺到真正的自由。在這裡，她不再是只知道賺錢的機器。雖然想到一年結束後，得回國面對現實，心裡也會產生茫然。但這段期間，在陌生國度蓄積的能量，讓她相信未來無論遇到任何困難，都能熬過去。在這段旅程中，她獲得了用錢也買不到的自信。

我有一位很要好的朋友，她在四十多歲時，曾到南方的小島待三個月。雖然我心裡很羨慕，卻無法一起跟隨。那位朋友和當時還是小學生的兒子，非常喜歡島上的生活。她說，在那裡的日子，就像是充電一樣，讓她變得更有力量去面對未來的生活。

假如現在的你，正猶豫是否要到新的地方生活，我建議不妨大膽嘗試。因為這段時間錯過了就不會再有，就像流水一樣，逝去不再回頭。在變老之前，我鼓勵大家試著去實現那些曾讓你怦然心動的願望。即便這麼做需要莫大的勇氣，但也不要像我一樣，過了才後悔：「要是當時有那麼做就好了。」

要是心累了，想稍微離開職場休息一下，也不必被無力感困住，把這段空窗時間當成是重新來過的機會。不必再像十幾、二十歲一樣，忙著迎合別人的標準，從這一刻開始，走自己的路吧！

看看自己對什麼事感興趣？想學什麼？就算只有一年，甚至一個月都好，只要能樂在其中，好好享受這份幸福，這段時光將會是我們一輩子的養分。

別讓年齡捆綁住夢想

年輕時，我們都曾朝著夢想盡情奔跑，即使稍微走岔了路也無妨，可以回頭的時間還很多，我們不擔心。但轉眼間，到了這個年紀，眼看著時間已不夠，會忍不住停下來檢視，自己走的路究竟對不對？

「現在的工作是不是我一直想做的？這份工作還適合我嗎？」

如果婚後一直是家庭主婦，即使心裡有想做的事情，也會擔心是否為時已晚吧？若現實條件允許，心中懷抱著明確的夢想，就勇於嘗試挑戰吧！不管是讀書還是創業，只要不會讓生活面臨三百六十度大轉變的風險，同時有機會讓未來變得更精采、更有價值，那就值得一試。倘若到了五、六十歲，還在煩惱同樣的事情，就表示這件事對你非常重要。如果突然改變會讓你感到害怕，也可以先從報名補習班之類的小事開始做起。

萬事起頭難，但只要一啟動就是成功的一半。想擁有精采豐富的人生，勇敢嘗試挑戰是必須的。

上班族們會考慮離職，多半是因為覺得目前的工作不適合自己，或是薪水待遇不佳。我們可以替自己設定一個期限，先維持現狀，期限過後若發現自己沒信心可以做這份工作一輩子，還是要趁早做好準備。就算沒有馬上辭職，也一樣可以為自己的第二人生做準備。趁下班後念書或考證照，利用上班前的空檔時間學外語等，都是讓自己成長的方式。

假如喜歡烹飪，也可以趁下班去烹飪教室上課，嘗試挑戰考廚師證照。不管做什麼都好，能夠開始去做自己想做的事情，會讓生活更有活力，並且樂在其中。

一個人只要有希望和夢想，就會感到幸福。即使陷入無力感，只要重新點燃內心的渴望，就有動力繼續前進。

中年的空虛

「到了這年紀，卻沒有什麼想做的事。一輩子都在忙家務，根本沒想過自己可以做什麼。孩子們長大了開始忙學校的課業，獨自面對空蕩蕩的家裡，覺得自己一事無成，現在唯一能做的，好像只剩下等著老去……」

「過去在公司曾經做到很高的職位，但為了照顧家人，不得已只好選擇離職。已到了這個年紀，卻沒有動力重返職場。很多人都說現在才是開始，甚至比年輕時更拚命、更努力，為什麼我會變成這樣？」

有些人過了四十歲，依然充滿熱情地追求自己的夢想；但也有人反而在此時失去生命的動力。一想到未來還有四十年，或更長的時間，便備感壓力；面對四十歲的空虛和無力感，他們心力交瘁，開始懷疑自己：「這一路走來到底為何而忙？」甚至找不到自己存在的價值。

會有這樣的反應，一點也不奇怪，這是步入四十歲後會有的症狀。體認到自己和生命的限制，不全然是壞事。

我們都活在既定的限制裡，地球的資源有限，時間也是有限的。死亡，更是每個人這輩子都擺脫不了的限制。雖然四十歲離死亡感覺還很遠，但對失去生命動力的人來說，每一刻都像是走在懸崖上。

歷史上，人類文明發展的動力，大多是來自人類的慾望。在「古典時代」與「中世紀」，人類生活信仰的唯一準則是「上帝」。認為信奉上帝，是最有意義、最美好的生活。

近代人們信仰的則是「科學」。但不管是「上帝」還是「科學」，都無法成為人類的心靈寄託。因為不管哪種信仰，最終還是要面對死亡，於是人們不再對這些準則深信不疑。

生活失去信仰準則的人們開始陷入空虛，我們在不知不覺中，各自空虛、各自寂寞，可是卻有很多人，不想擺脫這份空虛，反而渴望沉浸其中。

資本主義更是透過各種商品和媒體的推波助瀾，刻意營造空虛感讓消費者買單。不同於哲學或宗教，現代資本主義之所以成功，是因為它的策略很高明，透過大眾日常生活吃的、用的、穿的，讓人們不容易察覺到這些消費行為的背後，其實隱藏的是「空虛」。

「空虛」是一種現代社會的文明病。然而，媒體卻大肆渲染，不停鼓吹洗腦人們，靠購物來排遣。

要擺脫空虛，必須先意識到自己是有極限的，在生活中找到自己的依靠。那依靠可以是人、宗教，或是追求新的夢想，也有可能只是單純需要休息而已。

當陷入空虛時，要注意的是，不要忽視自己的情緒感受。如果放任這樣的情緒不管，或許不會立即出現問題，但最後還是有可能會受傷。因此，不要逃避或刻意壓抑內在的空虛感，陷入空虛時也不必太焦慮，稍微放輕鬆，給自己一些時間，好好陪伴自己就行。

在二〇一六年上映的電影《愛情未來》（*Things to Come*）裡，描寫了學生法比安和他的哲學老師娜塔莉的故事。年輕的法比安充滿熱情活力，但步入中年的娜塔莉，卻對生活感到厭倦。當她的先生向她坦承外遇時，她沒有大發雷霆，反而冷淡地回答：「為什麼要告訴我？從頭到尾都瞞著我不就好了嗎？」

為了逃離令人絕望、倦怠的生活，她決定聽從學生法比安的建議，前往法比安與朋友們在山上所建立的公社。然而，娜塔莉在慷慨激昂地討論著如何改變世界的年輕人中，顯得有些格格不入。當滿腔熱血的法比安，和她討論關於社會改革的事時，他對老師突然變得這麼軟弱，感到無比失望。娜塔莉以平靜略帶哀傷的語氣說：

「我以前也像你一樣熱血沸騰，能做的都做了。但現在我老了，我變了，無法再這麼激進。雖然世界變得更糟糕，但我已不再嚮往革命。我唯一希望的，就是幫助我所教出來的學生們，獨立思考。」

法比安為自己的無禮，向老師道歉。但娜塔莉轉身回房後，卻再也止不住淚水。被得意門生這樣對待，讓她很難過，但更令她傷心的，是自己的無能為力。或許是替自己的軟弱，感到羞愧而落淚吧？究竟是什麼讓她變得如此狼狽？

當無法輕易改變現況時，總讓我們感到挫折，因為無法突破，內心陷入空虛。跳脫的方法之一，就是尋找自己的精神寄託。

像電影裡的娜塔莉，雖然無法實現改變世界的夢想，但她善盡職責，當好一位妻子、母親和老師。當她的學生批評她是落伍的上一代時，她沒有反駁辯解，而是坦承自己老了、變了。雖然徹夜未眠躺在床上哭泣，但隔天還是一樣以從容自在的神情，坐上火車。回到家後，身邊有心愛的孩子和可愛的孫子，縱然家人不理解她，她只能把悲傷藏在心底，但對她來說，和家人在一起，就能讓她感到快樂和幸福。

她沒有假裝堅強，反而盡力享受生活中的幸福美好。她坦然接納自己的脆弱，不武裝自己，隨順自然地面對一切風浪。雖然放低姿態，卻未放棄生命的尊嚴，她比二十、三十歲時，活得更精采燦爛。

為了讓生活維持平衡，即使內心稍微失衡，但能重新找回重心時，反而會讓自己站得更穩。迷惘沒什麼不好，軟弱也一樣。之所以會害怕，是因為怕軟弱被看見，承認自己的軟弱，反而會為自己帶來勇氣。

四十歲的你，或許比年輕時更迷惘、更軟弱。因為到了這個年紀，已經不會再有人給我們答案，困惑時彷彿只剩下自己，待在最黑暗的角落中獨自摸索。不過，我們也已經明白，生命並不需要無止盡地驅逐黑暗，而是去擁抱一部分的黑暗。透過深刻的覺察和體悟，再重新開始。

四十歲，正是時候，去擁抱你的軟弱、空虛和內在的黑暗！

擺脫空虛的方法

偶爾，我也會因為工作疲憊，莫名陷入空虛。每當這時候，我會暫時離開，起身去旅行。我也曾為了看海，大半夜漫無目的地驅車前往海邊。聽著海浪的聲音，赤腳踩在沙灘上，充飽電後再回到現實生活，就能讓自己從空虛中走出來，重新找回快樂。

我也曾放下手邊的工作，到陌生國度旅行。身處在陌生的文化與土地上，變成了異鄉人，讓我忘卻了空虛。而在陌生地方旅行時的不安，在回到熟悉的地方後，轉化成感謝的心情，而重新燃起了生活的動力。

你也會有屬於你自己擺脫空虛的方法。如果還沒找到，可以透過想像試著寫下來。漫漫人生中，難免會有空虛的時刻。如果放任不管，久了會讓自己生病。因此，一定要找到專屬自己排解的方式。

屬於我的方法：

1.

2.

3.

4.

5.

CHAPTER
SIX

四十歲，
人生下半場怎麼過？

許多人年輕時朝著未來衝刺，
轉眼步入中年後，
又急著想邁向下一個人生的里程碑。
我們總是汲汲營營於生活，無法安住在當下，
為了遙遠的未來而擔憂，努力地掙扎。
卻忘了幸福就在此處。

要工作到何時呢？

雖然令人感到意外，但四十歲並不是「人生的安穩期」。

年紀越大，越容易感到害怕；越是害怕，就越想追求安穩。當我們盲目追求安穩的日子時，其實忽略了一件事，那就是「人生根本就沒有所謂的安穩期」。

四十歲後有四十歲的煩惱：老了要住在哪裡？退休後生活費怎麼來？……煩惱不會減少，只會增加。和二、三十歲時不同，四十歲的煩惱，只會更令人感到現實殘酷。

年輕時，即使再累，對未來還是充滿希望，再迷惘，也會有怦然心動的時候。但步入中年後，對未來仍一樣茫然不安，卻感覺再也看不到希望，再也無法出現悸動的感受。

年輕時各奔前程的友人，到了四十歲後，開始有了明顯的差距。看到朋友不用煩惱退休，生活經濟無虞，或是仍懷抱著熱情迎接生活的挑戰時，和他們相比或許會感到自慚形穢。

想到比起活過的時間，剩下的日子還更多，內心絕對開心不起來。不知道該用什麼填補這些時間？不確定對未來的熱情是否還在？在過了四十多歲後，甚至有可能會被公司拋棄，在這樣殘酷的現實中，人生下半場該怎麼過？

當壽命延長已成為常態，人們便不得不擔憂退休後的經濟和生活。即使努力工作到四、五十歲，暫時解決經濟上的問題，但是否能確保生活品質，仍是問號。到了不再被就業市場接納的年紀時，我們該做什麼樣的工作，才能感受到生命的價值？如果滿足了經濟條件，生命能找到出口嗎？

失去了目標和追求，只是壽命的延長，稱不上是真正的生活。假如你已經開始煩惱要工作到何時，可以先試著想想，工作以外的人生要如何度過？

「如果無法再做這份工作時，我該如何度過接下來的人生呢？」

目前還在職場工作的S先生，內心偶爾也會浮現這樣的疑問。在不久的將來，終究會離開現在穩定的工作，也擔心未來沒工作後會失去對生活的動力。即使現在經濟無虞，也還是會煩惱日後能否也一樣安穩過生活？如果沒有意外，未來還要再活五十年，也會讓人不禁懷疑，人真的需要活這麼久嗎？在競爭激烈的時代裡，就算現在做得好好的，也無法確保可以持續多久。

他的朋友待在另一間公司，面臨的情況更糟。不久前，公司組織異動，雖然朋友沒被裁員，但因為內心還是很不安，於是決定從事副業，目前兼職當家教。

隨著年紀增長，生活似乎變得越來越艱辛。因為凡事得靠自己，要為自己的人生負責。年輕時不懂，但上了年紀後，知道自己要承擔各種的責任，漸漸失去了自由。不只是沒有穩定工作的中年人會害怕，就算有穩定工作的人，也會不安。但我們都知道，人生沒有標準答案，該怎麼活得靠自己決定。因此，年紀越大，找到內在的力量很重要。除了經濟支柱之外，也需要精神上的支柱。透過內在的力量，我們可以穩穩的撐住動搖的心。

活在當下

邁入四十歲後，自然而然地會遇到許多人生課題。在面對這些課題的過程中，我們能體悟到活在當下的重要。隨著醫療科學發達，人們的壽命也跟著延長。也因此原本過去二、三十歲時就會遇到的煩惱，有越來越多人過了四十歲後才遇到。

與其擔心「能工作到幾歲？」，更重要的應該是去思考是否喜歡現在的工作？與其煩惱未來，或認為自己比別人遜色，更重要的是去思考眼前還能做些什麼？

每一個消逝的當下，都是最重要的一刻。它就像流水一樣，順著時間之流，帶領著我們走向未來。不需要駐足在過去，讓自己陷入痛苦的回憶，一直被過去捆綁，只是自尋煩惱而已。

只要我們能對過去有所覺察，就是改變的契機。把過去犯下的錯誤，當成是重新開始的起點。請記得，檢視過去是為了改變現況。

當下的每一刻都是在創造未來。尤其是四十歲正值第二青春期的你，更要把這句話當成是座右銘。倘若在青春期時，你的心中有明確的夢想，也曾積極地為了夢想而努力，那就更不需要緬懷過去，這麼做只是徒增煩惱而已。

離職後的生活

如果是對工作感到倦怠的人，會很珍惜中年離職後的時光，也會覺得這是一件令人開心的事。可以去一直很想去的地方旅行，有時間享受讀書或運動之類的休閒生活。過去因為工作的關係，疏於關心的家人，也可以趁這時候重新修復彼此間的關係。或是去學想學的事，甚至把這段時間當成是開始另一項事業前的充電時間也可以。過了這段時間後，即便未來可能會出現其他需要擔憂的事，但只要放寬心去享受，日子會過得很充實。

但是，如果是被迫辭職而面臨失業的話，這段空窗期會讓人覺得空虛、不安。心裡會感受到壓力，認為必須趕快找到事情做才行，也可能因為害怕家人和周遭旁人的異樣眼光，心情變得更沉重。即使想靠過去的工作經驗，重新投入職場，但現實社會中，就連二、三十歲的年輕人都不好找工作，中年人的機會也就變得更少了，內心因此受挫不已。在工作機會競爭激烈的情況下，加深了世代間的衝突，甚至衍生出許多社會問題。

步入中年後，在面臨轉職和尋求二度就業機會的過程中，遭受到的挫折可能比年輕人還要大。過去累積的工作經驗和家人關切，反而變成是包袱和壓力。即使順利重返職場，在根本沒有所謂「鐵飯碗」的時代裡，也會令人擔憂未來的生活。

面對漫漫人生路，不知該往哪走的中年人們，若身邊沒有老師、好友、家人給他們勇氣和溫暖的安慰，很容易會陷入自怨自艾的困境中，認為自己是失敗者。雖然人生到目前為止，多少也賺了些錢、累積了點經驗，還是會覺得自己的人生過得很失敗，被自卑感包圍。

十幾歲時，為了考大學認真讀書；二十幾歲時，為了夢想和就業努力奮鬥；三十幾歲時，朝四十歲成功的願景前進，現在到了四十歲後，又該為了什麼而努力？再也沒有人可以明確地回答你這個問題。對徬徨的中年人來說，旁人一句無心的慰問，都可能反而成為傷害。

但不管如何，生命總會為自己找到出口。

美國知名脫口秀主持人—康納・奧布萊恩（Conan O'Brien），從哈佛大學畢業後，擔任綜藝節目《周末夜現場》（*Saturday Night Live*）和卡通《辛普森家庭》（*The Simpsons*）的編劇，事業一路扶搖直上。

之後，進入美國三大電視台其中之一的NBC主持《康納・奧布萊恩深夜秀》（*Late Night with Conan O'Brien*）節目長達十六年。他曾說過自己的夢想是當上《今夜秀》（*The Tonight Show*）的主持人，那是個喜劇演員們夢寐以求的節目。二〇〇九年時，他終於獲得實現夢想的機會。當時，電視台和《今夜秀》主持人傑・雷諾（Jay Leno），答應五年後要把節目主持棒交給康納。

但誰也無法預料到，前途一片光明的他，居然慘遭了滑鐵盧。當康納如願以償地成為《今夜秀》節目主持人後，因為收視率不佳，電視台高層對他很失望。NBC電視台為了搶回收視率，讓再度復出的傑・雷諾又主持了一個《傑・雷諾今夜秀》並把康納的節目延至午夜時段播出。

也就是原本《今夜秀》時段播出的，不是康納的節目，而是已經交出主持棒，甚至宣布退休的傑・雷諾所主持的節目。康納的《今夜秀》不再是今夜播出，而是被迫延至隔天播出。

被待了十六年的電視台如此對待，康納覺得自己像是被背叛一樣，讓他顏面盡失、大受打擊。雖然當時許多人跳出來批評電視台和傑・雷諾，甚至還到電視台前抗議，但最後離開的卻是康納。

電視台給了他一筆錢，要求他簽署「封殺合約」。合約書裡載明禁止他到別家電視台當主持人，但康納別無選擇只能同意。被電視台公開正式解雇的康納，在《今夜秀》節目的最後這麼說：

「親愛的觀眾朋友，我覺得這一刻應該要保持愉悅的心情。我只有一件事情想拜託大家，尤其是目前正在收看節目的年輕朋友們。

千萬不要憤世嫉俗，我很討厭憤世嫉俗，這麼做毫無幫助。這世界本來就沒有人可以得到他想得到的一切，但只要你認真努力工作，腳踏實地，一定會有奇蹟發生。請不要忘記，奇蹟一定會來到，這是千真萬確的，請相信我所說的。」

當畢生的事業遭受挫敗時，他沒有灰心，還反過來安慰那些心疼他的觀眾。康納此舉展現他紳士般的風度，讓觀眾深受感動。

因為無法到其他電視台工作，失業的康納，在二〇一〇年以《合法禁止在電視上搞笑》（*The Legally Prohibited from Being Funny on Television Tour*）的喜劇，在三十個城市巡迴演出。雖然受到「封殺合約」限制，該表演無法在電視台播出。但康納透過推特（Twitter），積極和粉絲互動，宣傳演出活動。每場表演都有超過兩千名觀眾觀看，可以說是相當成功。當他從人生勝利巔峰滑落到黑暗低谷，選擇在街頭穿上滑稽的服裝跳舞搞笑演出，邊彈吉他邊唱歌時，便再次尋求到了成功的機會。

在《康納・奧布萊恩永不止步》（*Conan O'Brien Can't Stop*）紀錄片中，闡述他這一路走來的心路歷程。在影片中，可以看到康納受到粉絲熱烈擁戴的場景，也能看到他坐在舞台後方落魄的樣子。在那一刻，他看起來是那麼悲慘淒涼。

雖然仍因「封殺合約」所限，很多事情不如預期。不過，康納以正面積極的態度，努力突破人生困境。他告訴自己：「我一定會從絕望的谷底再爬起來！」

康納在二〇一一年於達特茅斯學院畢業典禮演講時，發自肺腑地告訴畢業生們，雖然他經歷的失敗，像是一場「災難」，但這一年來卻是他過得最滿足、最開心的時候。

「為什麼這麼說呢？因為沒有什麼比最深的恐懼成真，更能讓人從恐懼中解放，獲得自由。……二十二歲規劃好的人生道路，不一定等於三十二歲或四十二歲時的人生道路，我們的夢想總是不斷進化再進化。……重要的是，無法成為理想中的自我這個事實，最終讓我們能夠重新定義自己，經歷過挫折失敗，才能讓我們與眾不同。雖然這並不容易，但如果我們能坦然接納失敗的遭遇，勇於面對，失敗將會成為翻轉人生的新契機。」

康納目前在TBS電視台主持的新節目不是《今夜秀》，而是以自己名字命名的《康納秀》。他的主持風格在國內外大受好評，網友甚至還幫他取了「金口憐」的諧音外號，心疼他這一路走來歷經的挫折。

康納的故事令人深受啟發，也給邁入四十歲陷入混亂期的我們，一個很重要的啟示。無論外界的阻礙再大、經歷的時間再漫長，也都阻擋不了你。

步入中年可能會面臨各種危機，如：金錢、健康、人際關係、自信心低落等。在這時候遭遇到的挫敗感，可能跟生命的重量一樣沉重，甚至會讓人痛苦得快要窒息，全身動彈不得。但不管我們遭逢什麼失敗，都可以把它當成是重新開始的機會。失敗成就了我們、成就了未來，這麼說一點也不為過。

人生從來就沒有固定路線，就像康納說的，現在的你，可能並不是二十歲時心目中理想的樣子。經歷過大大小小的失敗和挫折，適時不斷調整改變，才造就了現在的你。即使沒有達到預期的目標，失敗也會讓你更上一層樓。年輕時總擔心自己會失敗，但失敗這條路其實很「安全」，年輕時如此，現在也是如此。

不只中年人，就連年輕人也把考上「公務員」當成是最安全的一條路，努力競爭，但失敗的風險無時不有、無處不在，戰戰兢兢害怕失敗降臨，但經歷過一次又一次的挫折後，才能讓你煥然一新。因此，失敗一點也不可怕，而且還很「安全」。

邁入四十歲的你，如果最擔心的事情發生了，請不要沮喪挫折，想想康納說的話吧！最深的恐懼成真，更能讓人從恐懼中解放獲得自由。現在的你，比任何時候都還要自由。

想做的就去做吧

四十歲的你，現在想做什麼呢？如果現在想做的，和二十歲時想的一樣，到了五十歲時，會不會又後悔為何當時沒能完成夢想呢？

有時想太多，反而會讓自己裹足不前。

「再不做會後悔吧？肯定會後悔的。看吧！果然後悔了吧？」

其實，只要鼓起勇氣，就能結束一再後悔的惡性循環。當腦海中浮現出想做什麼的念頭時，試著坐在書桌前，把它寫下來吧！不要想得太複雜，覺得寫了也沒用，或是感到難為情就不寫。上了年紀後，要寫出心裡想做的事情，確實會有點不自在，可能會認為這是小學生才會做的事情。但如果想要幸福，就得常保孩子般的赤子之心。

假如未來大多數的人都可以活到一百歲，六十歲退休後，還有四十年的時間，可以讓人盡情揮灑，就像孩子一樣，想做什麼就去做，這是一份很棒的禮物。很多人在四、五十歲退休前，都希望退休後可以去旅行或是當義工，但如果覺得旅行或當義工的夢想太遙不可及，也可以先從能讓生活慢慢改變的小事開始做起。例如：「好好享受晚餐時光，不隨便吃泡麵打發」、「偶爾放肆一下吃點宵夜」、「一個月看兩場電影」、「今天一整天不拿自己和別人比較」、「抽時間去美食餐廳犒賞自己」等，都是不錯的計劃。

許多人年輕時朝著未來衝刺，轉眼步入中年後，又急著邁向下一個人生的里程碑。我們總是汲汲營營於生活，無法安住在當下，為了遙遠的未來而擔憂，努力地掙扎，卻忘了幸福就在此處。

寫下心裡一直很想做的事情吧！哪怕是再小的事都好，接著逐一完成。即使是微不足道的小事，也能讓人感受到，此刻能活著真好！

人生的第二事業

二〇一六年我國政府公布了三十項「離職後值得挑戰的工作」。

第一種類型是：「趁勢挑戰型」。這類的工作是指，以過去職場工作經驗為基礎，在特定領域創辦教育課程。藉由這樣的方式重返職場，同時也是一種創業方式。在科技、貿易、出版等產業，累積一定工作經驗後，可以朝運用專業知識的方向，開創出屬於自己的一條路。

第二種類型是：「回饋社會與興趣導向型」，像是課輔志工、社區壁畫彩繪等可以回饋社會，又可以發展興趣的工作。雖然薪水可能不高，甚至是無償的工作，但從事這樣的事，會覺得自己可以幫助到人很開心，而賦予生命新的活力和意義。

最後一種類型是：「未雨綢繆型」，是指看好未來發展前景的新工作後，朝這個方向準備，透過上課和考證照的方式，讓自己未來有機會嘗試挑戰新產業。重要的是，要先探討自己的興趣和未來趨勢產業是否相符，並尋求專家建議或進修學習。

任何時候，我們都可以重新開始。有些人很晚才重考大學讀新的科系，也有不少人為了經營房地產全心投入學習。還有人說，從事社區服務活動後，覺得人生才真正開始。無論哪種類型，過去我們在社會上和人生中累積的經歷並不會消失，會成為一直幫助我們人生往前的助力。

愛的力量

世界上雖然充斥著犯罪、憎恨、厭惡、憂慮和憤怒，但也充滿了愛。給人們再多資源和奢侈品，如果沒了愛，這世界就只是一片荒蕪。九一一恐怖攻擊事件發生時，罹難者留下的遺言，也全都是傳達愛的訊息。

無論是在巴塞隆納恐怖攻擊③發生時，為了保護孩子，以身體抵擋貨車不幸喪命的父親；或是在拉斯維加斯槍擊案④中，犧牲自己救了二位素未謀面女性的無名英雄，他們讓我們在殘酷的現實中，看見偉大的愛。讓我們明白了，愛，其實無處不在。

生活中，不管認不認識，我們在幫助人的同時，也都在接受別人的幫助。對他人伸出援手、親切的問候和關懷，是表達愛的另一種方式。我一直都記得，上大學時的第一堂課，教授對我們說：

「各位同學，你們今天能夠坐在這裡讀書，其實是受到很多人的幫忙。」

教授說當他還是學生時，也曾坐在下面的位置，聽過一樣的話。或許我們會覺得，能夠坐在這裡，全都是靠自己的努力，但其實是因為有許多人的幫忙，受到許多關愛才能做到。他告訴我們，身為學生要懂得自重自愛，尊重自己選擇的科系，好好努力學習。不管將來遇到任何狀況，都不要妄自菲薄，要把這份愛繼續傳遞下去。

愛，不拘泥於任何形式。愛，有很多種樣貌。對家人的愛，對戀人的愛，對鄰居、老師、朋友的愛，對貓、狗的愛，這些都是愛。對素昧平生的陌生人，願意主動關懷、做公益，更是一份崇高的愛。

所謂做公益，是指以個人或團體身分，自發性無償付出，為需要的人、為社會貢獻時間和精力。換句話說，公益活動是純粹出於個人意志、無私奉獻的行為。

在網路上我們可以搜尋到許多公益活動的詳細資訊。無論是參與街友送餐、為長

---

③二〇一七年八月十七日，在西班牙巴塞隆納蘭布拉大道上，發生車輛衝撞的恐怖攻擊事件。

④二〇一七年十月一日，在美國內華達州天堂市賭城大道上，舉辦「九十一號公路豐收」露天鄉村音樂節時，發生大規模槍擊事件。

輩和孩子說故事，或是擔任伴讀志工，協助身障學生學習等活動很多，若願意我們可以根據個人專長視狀況參與。

我常聽到很多人說，在幫助人的同時，其實受惠更多的是自己。付出時間和心力幫助到的不只是別人，也會讓自己疲憊的心獲得療癒和撫慰。

為老後生活做準備

為了擁有身心舒適、健康的晚年生活，除了好好照顧自己的身體健康外，也得像年輕時一樣懷抱理想。

想要身體健康，首先得調整飲食生活，配合適當的運動和閱讀習慣。這些小事雖然看起來沒什麼，但下定決心要這麼做時，想要持之以恆是有難度的。不過，無論再困難，都要好好照顧陪伴了你四十年的身體。從小事開始做起，照顧好自己。

接著，照顧好四十歲動搖的心吧！這正是我書寫這本書最想告訴大家的事。懂得自我管理的人，除了照顧好身體，也要照顧好自己的心。當遇到困難時，不管是找聊得來的朋友談心，或是接受心理諮商，都是不錯的方法。

比起安穩度日，去嘗試做一些年輕時想做卻沒有做過的事情，對身心健康反而更有幫助。

我有一位朋友，不久前開始嘗試坐在咖啡廳寫詩。從小文筆很好的她，一有時間就寫詩，透過書寫能找回她內心的平靜。另一位朋友則去參加合唱團，用盡情唱歌的方式來紓解壓力。最讓我佩服的是，一位熱愛旅遊的朋友，短則一個月，長則半年，展開了她的環遊世界之旅。她學年輕人當起了背包客，到希臘、蒙古、瑞士、義大利等地，到處認識外國朋友，那自由自在的樣子，真的很棒。

雖然生活並不富裕，但她認為擔心老年後的生活，並沒有太大意義。對她來說，只要擁有健康的身體，看著美麗的風景，一切就已足夠。看著她的樣子，我不禁覺得與其擔心遙遠的未來，不如好好活在當下，充實地過生活，才是更重要的事。現在拚死拚活，也不保證就能安享晚年。因此，停止擔心未來，好好活在當下吧！

我們在十幾歲時，擔心二十歲的生活；二十幾歲時，擔心三十歲的生活；到了三十歲，擔心四十歲的生活。過了四十歲後，又開始煩惱起老年的生活，似乎總是在擔心，而非專注在當下。就像站在美麗海景面前，卻未曾細細欣賞眼前風景，而是煩惱接下來要去哪裡的過客。當然煩惱並非毫無意義，但更重要的是，要懂得享受當下。當前的煩惱事，有時根本不會發生。

明天會發生什麼事情，誰也無法百分之百預料，不必在今天就為明天擔憂，那只是徒增煩惱而已。

擔心時，學著讓自己放寬心吧！和家人、朋友聚在一起談天說笑，去感受「原來，這也是一種幸福！」開心度過生命中的每一刻。就像身體感到僵硬時，要做一下伸展運動；當心不舒服時，也要舒緩內心的煩憂。用一顆輕鬆愉悅的心，卸下現實的沉重行囊吧！

寫下目標清單

如果有一直很想做的事，即使再小也試著把它寫下來吧！然後逐一去完成。就算是小事，但真正去做了之後，也會讓人有活在當下的感受。

1.

2.

3.

4.

5.

6.

7.

8.

9.

10.

（如果多於十項，就繼續寫下去吧！）

CHAPTER SEVEN

四十歲，當健康與容貌不再

接納自己變老，

並不是消極以對，或悲觀看待，

而是積極面對生活，擁抱內心的空虛。

這麼做需要勇氣，需要純粹的勇氣，

如實接納自己不假修飾，最真實的面貌。

我健康嗎？

有句話是這麼說的：「四十歲前不愛惜身體，四十歲後病就跟著來。」肥胖、高血壓、酒精性失智症、高血脂症等，這些疾病都是因為長時間生活習慣不良所造成的。如果一直仗著「年輕」有本錢，不理會身體發出的警訊，久了可能會變成大病。假如平時有不良的飲食習慣，此時該是戒掉的時候了。

即使沒有生病，到了四十歲後，也會發現體力大不如前，有感而發地感嘆：「啊，原來我也老了！」以前忘東忘西時，會覺得自己是「忙忘了」，但上了年紀後，記憶力衰退的更是嚴重。

與健康相關的新聞裡，每天都有四十歲後新陳代謝不良、容易罹患乳癌和癌症等各種疾病的報導。一有徵兆符合，總會讓人提心吊膽，擔心起自己的身體，雖然我們也知道很多擔心都是無謂的，但不知為何一顆心總是懸著。

在電視購物頻道上，節目主持人更是擅長運用行銷話術，不斷強調一定要吃保健食品，不吃身體會出問題。那些在節目上兜售的各種保健食品，好像非吃不可，不吃的話身體就會大病、小病不斷，或是變得越來越胖，讓人也不由得跟著擔心起來。

越是不熟悉的疾病，越容易令人感到焦慮，如：失智症、高血壓、糖尿病、帕金森氏症等。雖然明知道只要飲食規律正常、別給自己太大壓力，對健康就會有益，但只要聽到旁人說吃什麼對身體好，耳根子軟馬上就想買來吃看看。明明是「不惑之年」，為什麼會這麼容易受到別人影響呢？

要確認身體是否健康，可以先檢視自己基本的健康狀況。最近體重是否變輕或變重？生理期是否規律？是否有腸胃疾病？食慾如何？睡眠是否充足？針對這些問題進行自我檢視。

四十歲後因為老化速度會急遽增加，所以健康管理非常重要，攸關往後的生活。

想擁有健康的生活，就必須維持良好的飲食習慣和生活作息，再加上持續運動的習慣。運動不僅有助於血液循環，也會增加肌肉量，有效預防老年骨質疏鬆症。最重要的是，要掌握目前的身體狀態，定期做健康檢查。不要因為覺得麻煩，錯過及早發現問題的黃金治療期。

除了身體健康外，心理健康也很重要。很多人在四十歲時罹患「恐慌症」，而五十歲後則是罹患「焦慮症」的高峰。此外，像躁鬱症和憂鬱症患者人數，也遠比其他年齡層的人來得多。

四、五十歲的人，是社會中流砥柱，同時也是家中重要的經濟支柱，內心承受龐大壓力。這樣的中年焦慮和壓力帶入家庭中，也會對下一代造成影響。

究竟是什麼讓他們的心生病了？是不是因為只顧著擔心工作和小孩，而忽略了自己的心呢？

身心健康才是真樂活

有一些健康報導指出，壓力、憂鬱、焦慮會導致健忘症。健忘症好發於四、五十歲以上的中高齡層，個體差異性很大，患有憂鬱症、焦慮症、失眠症、更年期症候群等疾病的中年婦女，或是忙碌、時常感到壓力與焦慮的中年男人，都容易罹患，酗酒、抽菸者亦是。許多人擔心健忘症是失智症的前兆，到醫院檢查後，診斷結果發現大多是「壓力性健忘症」。當然，會突然變得忘東忘西，跟「年紀」也有很密切的關係。

對女性來說，通常大多過了五十歲才會停經，但現在卻有越來越多人在四十歲初期就停經提早進入了更年期。我有一位年約四十五歲的個案，最近發現長了子宮肌瘤，正接受手術治療；另一位四十多歲的女性剛動完乳癌手術，還有一位則是做了甲狀腺切除手術。

步入中年後，做好健康管理相當重要。如果不照顧好自己的身體，身體會發出警訊。

此外，也有很多中年女性，會特別在意美容保養。在電視上，我們經常看到許多以女性觀眾為對象的節目，討論著要怎樣保養，才能「凍齡」，即使年過四十，依然像「美魔女」一樣。早晚要擦什麼樣的保養品？哪種面膜比較好用？擁有不老的凍齡美貌，成了大家一致追求的目標。

彷彿這社會不允許外表與實際年齡相符，看起來必須比實際年齡年輕五歲、十歲，凍齡之美才是美。如果不是，就會被貼上標籤，被批評不懂得自我管理。

上了年紀懂得打扮自己，固然重要，因為這麼做能讓自己變得更有自信。

然而，問題在於，很多人太在意外表，壓力太大導致憂鬱症。有些中年人因為皮膚鬆弛和眼皮下垂的問題，跑去做微整形；也有的人明明看起來年輕貌美，卻覺得自己很醜，不敢接觸人群；甚至也有人因此陷入嚴重憂鬱。若我們對自己的外表有足夠的自信，是否還需要忍痛消除皺紋呢？

四十五歲的S小姐，每天早上都會喝一杯新鮮果汁，定期做拉皮手術，注射童顏針，相當注重保養。在公司裡，她比其他同年齡的同事看起來更年輕，皮膚光滑亮麗，但其實她對自己的外表很沒自信，會不斷拿自己跟別人比較，就連照鏡子時也會有壓力。

原來她在青春期時曾經很胖，當時爸爸和哥哥常常嘲笑她是大胖豬。對年紀還小的她來說，這樣的玩笑話造成很大的傷害，因而變得自卑。父親是女兒最親密的異性家人，許多人找對象甚至會不自覺地找像爸爸的男人。S小姐的爸爸經常開她玩笑，讓她心裡產生了所有男人都會嘲笑她是大胖豬的錯覺。這樣的想法從高中一直持續到大學，直到現在依然還在。

就算對自己信心喊話，告訴自己現在已經很瘦、變漂亮了，效果也只是暫時的，不自覺地還是會容易拿自己和別的女生比較。在她的腦海裡，「胖豬」的陰影始終揮之不去，讓她感到很痛苦。

有許多人明明已經很漂亮了，卻整形整上癮，美的標準，是自己決定的。有些人明明已經很漂亮，卻經常貶低自己；有些人雖然長相平凡，卻覺得自己很漂亮、很有魅力，或許五官並不精緻，但臉上的自信，散發出耀眼的光芒，也讓人覺得很美。

大多數的人都知道，外表並非最重要的，重要的是內在，但卻不是打從心底這麼認為。四十歲的我們，必須要明白相由心生的道理，外在的一切，其實是內在世界的映照。

中年後的長相自己負責

過了四十歲後，除了體力和記憶力衰退外，原本朝氣十足的外表也會開始凋零，讓人不自覺感到力不從心。但社會上彷彿不斷強調，無論年紀多大，都要隨時保持健康美麗的狀態。當外表比實際年齡看起來更年輕有活力時，就會贏得許多讚嘆。打開電視節目，每個人都在比誰看起來更凍齡。或許也因為這樣，現在大多數的人看起來都很年輕。

步入四十歲後，我們可能會對歲月在臉上留下痕跡，和體力慢慢衰退這件事感到心力交瘁。明明年紀大了，社會氛圍卻不允許你看起來顯老，比二、三十歲時，花更多心力注重外貌保養，卻越來越不喜歡自己的樣子。拚命迎合社會審美觀，只為了讓自己更融入這個社會。

除了注重身材，也要在意外貌裝扮。凍齡美肌、凍齡化妝術、凍齡美魔女比比皆是，盡可能讓自己不顯老。每個人都在努力讓自己看起來更年輕，哪怕只是一歲都好，如果不努力，好像顯得自己很糟糕。

林肯說過：「年過四十後，要為自己的長相負責。」但這句話意思絕非是指「消除臉上的皺紋」。上了年紀後，一個人身上散發出來的氣質，遠比外貌重要。無關乎臉上的皺紋多寡，而是可以從這個人身上感受到氣質和涵養。

人到中年後，相由心生，過去的經歷會如實反映在長相上。「長得好看」的臉，不僅僅是指五官端正漂亮而已，人品和個性也會跟著氣質一起反映在外貌上。因此，心地溫柔善良的人，看起來特別美。

許多人過了四十歲，隨著年紀增長，在乎的不是內在的美麗，而是忙著動拉皮手術、打肉毒桿菌，爭相湧進知名醫美診所。由於比二十幾歲時更有時間、金錢，無論是簡單的微整形手術，還是需要動刀的整容手術，不惜一切代價努力保持年輕。年紀越大，越在意別人的眼光，會覺得心力交瘁是理所當然的。太重視外表，反而會讓自己有壓力，身心俱疲的狀態，看起來會更顯老。

年屆四十，不能自我放縱，必須管理好自己，但如果只把重心擺在外貌保養上，很可能會因為無法接受年紀大了後出現的初老現象，而內心受挫。要消除幾條皺紋，才能提升自信心呢？如果內在的安穩是由外在世界決定，那麼到死之前，人們都只能活在別人的眼光下。

但事實上並非如此，無論外表、長相如何，心可以讓我們變得更美。心不會管你額頭上有幾條皺紋，它只在乎你如何照顧好它。

接納自己變老

許多人年紀大了，會容易感到空虛或寂寞。因此，即使生活平靜安穩，也會莫名感到後悔和留戀過去。

「當初為什麼要那麼做？為何會做出那種決定？為什麼我的人生只有這樣？」再怎麼想克服內心的空虛感，上了年紀後，這種落寞感還是很難從心裡散去。不過，空虛感並不是一夕之間就出現，每個人或多或少，心裡都會出現這樣的感受。

「虛無感」不光只是對世界和生活感到悲觀冷漠的一種情緒。英文「Nihilism」被譯為「虛無主義」，這個詞最早來源於拉丁語中的「nihil」，意為「什麼都沒有」。形容「虛無」最貼切的感受應該是：「深不見底的深淵」。看不到自己內心真正的想法，就好像望著深不見底的深淵。

每個人內在都有這樣的深淵，無法欺瞞也無法掩飾。只要活著，就不可能完全擺脫這樣的感受，人們會藉著喝酒、看電影、聽音樂、打電動、看書等方式，暫時遺忘。

但如果出現病態性的空虛感，就必須透過治療，花時間克服。並非所有的空虛感，都會引發精神疾病。適時接納空虛的感受，不逃避坦然面對，是一種勇敢的態度。每個人空虛的原因和感受都不同，其中，也不乏見到許多人因覺得人生回不到過去，無法重新開始，而對「上了年紀」這件事感到空虛。

隨著年齡增長，人生的回憶和經歷，讓生命的厚度變得越來越深厚。我們在不知不覺中慢慢變老，「中年」就像是記錄了自己一大半人生的書。在這本書裡，一定有很想刪除掉的章節或故事。

但我們也明白，這是不可能的。不要因為空虛的感受，過度自卑、憂鬱或不安。每個人都會感到寂寞，空虛感無所不在。不必害怕變老，只需要鼓起勇氣，繼續寫下我們人生未完待續的篇章。

接納自己變老，並不是消極應對，或悲觀看待，而是一種積極。這麼做需要勇氣，需要純粹的勇氣，如實地接納自己不假修飾，最真實的面貌。

其實，年齡只是表面上的數字而已。年齡背後的意義，代表著我們在不同的年齡層階段，一次又一次穿越了深不見底的深淵。身處在深淵時，有時會傷心，有時也會感到空虛，但同時也會帶領著我們不斷成長，成為積極向上的動力。就像無盡的浪潮，當名為「年齡」的空虛感湧上心頭時，無須逃避，也無須抵抗。只需要等待，面對，浪潮終將退去。

優雅地老去

M小姐是一位事業有成的四十歲女性。她沒有結婚，感情上周旋在許多男人間，享受談戀愛的樂趣。即使到現在，她依然不後悔這樣的決定。只是過了四十歲後，她開始覺得自己吸引男性的魅力慢慢消失了，肌膚變得鬆弛，臉上也黯淡無光。即便砸大錢動了好幾次手術，卻變得越來越沒自信。

她一直以為自己還跟二十幾歲時一樣，卯起來拚命工作。明知道自己身體的極限，卻依然逞強，拖著疲憊的身體到處出差。喜歡工作的她，認為工作就是幸福的全部，不願讓這個信念破滅。

然而，四十歲過後，她卻覺得壓力越來越大，深感不能再這樣下去的她，開始學習減少工作量。當她願意接納四十歲的自己後，心裡自在許多。雖然有時也會懷疑沒結婚、沒生小孩到底對不對，但她也很珍惜這段時間擁有的快樂，決定之後也要像這樣繼續享受工作、享受戀愛，坦然接受四十歲的自己。

隨著歲月流逝，身體逐漸衰老是不可避免的。這並不是要我們放任自己不管，不注重身體保養。而是跟過去四十年一樣，好好吃飯、好好穿衣服、好好梳妝打扮，這是非常重要的。

但也不能太在意外貌，過猶不及都不是件好事。不允許自己臉上有一絲皺紋，很可能是出於一種不願意接納自己的心態。

四十歲是成熟的年齡，可以坦然接納自己的缺點和不足。如果到了七、八十歲，能夠喜歡自己的皺紋，就表示我們活得很精采，可以優雅地老去。

四十歲的我們，就算已有皺紋也一樣美。

找到適合自己的運動

每次身體不舒服，到醫院看病時，醫生們總是千篇一律地說：

「該運動了！」

在我四十多歲時，醫生也勸我要運動。聽了醫生的建議，我報名了健身房，持續了幾個月的時間認真運動，結果卻適得其反。跑步機運動對我的脊椎造成傷害，甚至引起疲勞和水腫。換句話說，這個運動不適合我。

在那之後，聽別人說瑜伽不錯，因此又報名了瑜伽課程。我的個性是一旦開始做一件事，就會想努力做到好，因此只要一有時間，就會抽空練習。但身體卻變得越來越糟糕，最後被醫生診斷出椎間盤破裂。

看過幾次醫生後，我得到一個結論，那就是適合別人的運動，不見得適合我。擔任心理諮商師將近三十年的時間，長時間久坐導致我脊椎和脖子經常痠痛。此外，因為諮商和演講都需要一直說話，我的聲帶和喉嚨經常發炎，需要提高免疫力。

嘗試過幾種運動後，我終於找到適合我的運動。

好天氣時，我會到附近公園散步一小時左右。「健走」和「散步」對必須從事高壓工作的我而言，是再適合不過的運動。一有時間就健走，可以消除壓力和緊張感。當我用正確的姿勢快走後，健康狀況也改善許多。在平地走路，可以說是最適合我的運動。但像登山或強度比較高的運動，以我的體力和體質來說，並不適合。

過了四十後，人們的體力大不如前，很容易感到疲累。建議大家找到適合自己的運動，養成定期運動的習慣。有些人適合慢跑，有些人適合登山，但如果勉強做不適合的運動，很可能會造成肌肉發炎、浮腫等運動傷害。

勞動並不等於運動，並不是做很多勞力活就表示有在運動。趁空檔時間做一些簡單的運動，像是抬腿練習強化肌肉，也是不錯的方式。不一定要花錢上健身房，找一些在家裡可以隨時做的運動也很好。

像我的某位朋友，跳舞是她最喜歡的運動。邊流汗邊聽音樂邊跳舞，一個小時跳完後全身舒暢，心情也好很多。但如果不喜歡跳舞的人，勉強自己做這種運動，反而會覺得壓力很大。

如果另一半剛好也喜歡一樣的運動，那是再好不過了。但每個人體質不同，喜歡的運動也可能不一樣，要尊重彼此的興趣，不要勉強對方跟自己一起運動。因為不適合自己的運動，對身體反而更不好。

一對中年夫妻來找我進行婚姻諮商時，曾提到關於運動的話題。太太說自己其實很討厭爬山，但這幾十年來，為了配合喜歡登山的先生，總是硬著頭皮跟去。雖然跟先生說過很多次：「我覺得登山一點都不好玩。」仍拗不過先生的要求。「爬山是很棒的運動，妳這麼懶怎麼行？周末假日夫妻一起去爬山，多棒啊！可以一起強健身體。」像這樣硬是拖著不情願的太太一起去爬山。

直到某天，太太因為軟骨發炎，被醫生診斷出是由於長時間做不適合的運動，導致運動傷害。太太才終於解脫，不用再爬山了。

自己喜歡的運動，不見得適合對方，也不要勉強對方。不要認為所有人都適合同樣的運動。試著找到適合自己，可以輕鬆享受運動樂趣的方法。

走路，是最容易入門的運動。在平地慢走或快走，人人都可以輕鬆辦到。有的人不喜歡運動，或許是因為過去被強迫，或是有不好的體驗。

現在，忘掉那些不愉快，讓自己動起來吧！四十歲後身體會衰退得很快，運動是給自己最好的禮物。找到適合自己的運動，盡情享受，自然會變得更有活力。

燦爛的四十年華

如前所述，四十歲是最愁老後缺錢的年紀。隨著平均壽命增長，也會擔心健康和外貌衰老，身體狀況大不如前。但上了年紀後，除了好好照顧自己外，別無他法。打點好自己的裝容，注重健康飲食，是最基本的。或許會因為工作忙碌和照顧孩子而疏忽，但即使再忙，也不能忘了自己。

四十歲也是最容易感到焦慮的年紀。雖然大多數的人最擔心的還是生計問題，不過也有人擔心的不只這個，還有其他更多複雜的人生課題。

就算再煩惱，也要好好面對，逃避是沒有用的。要比過去任何時候更珍惜當下，感謝生活中的小確幸。不斷向外追求幸福，會把自己弄得更累。學會放下，讓自己稍微喘口氣。當回顧過去，展望未來時，才會充滿希望。

如果覺得未來黯淡無光，也要想辦法，不要被這樣的感受吞噬，試著撥開雲霧，走向陽光。就算迷惘、就算困難，也要一步一步走出來，擁抱四十歲的自己。

你已經夠努力了，大部分的時間都很美好。不管你覺得如何，那都是一段有意義的時光。接下來的人生，從這裡重新開始。

除了身體健康外，心靈健康也很重要。要擁有健全的心態，必須平衡負面和正面想法。任憑負面情緒在心裡蔓延，並非負責任的作法。到了這個年紀，我們要重新建立自信心，如果被一點小事擊垮，失去了自信，就無法獲得幸福。

真正的堅強，是允許自己脆弱。不會因為承認自己的不足，天就會塌下來。最危險的，反而是自以為沒有問題。並不是只有風平浪靜，才是幸福安穩；而是即使遇到大風大浪，也依然能相信自己。

四十歲，能夠放下傲慢與偏見，是很棒的事。不執著、不鑽牛角尖，活得輕鬆自在，就能迎向燦爛的四十年華。四十歲的你，值得嘉許。並不是因為有什麼了不起的成就，光是走過這段歲月，努力了四十年，成就如今燦爛的四十年華，就值得替自己感到驕傲！

欣賞自己的外貌

如果你不喜歡或討厭自己外表的話，請把討厭的地方寫下來，並且寫出原因吧！

例如：「我覺得我的眼睛不好看」，因為小時候爸爸看著我的眼睛，常搖頭嘆氣說：「眼睛這麼小真難看，女孩子眼睛大才漂亮。」像這樣寫下討厭自己的地方和原因。

1.

原因↓

2.

原因↓

3.

原因↓

4.

原因↓

5.

原因↓

接著，寫下鼓勵自己積極正面的話，來取代消極的負面語言。例如：「眼睛小並不代表不好看，我的眼睛非常漂亮有神。」

1.

2.

3.

4.

5.

寫完之後，每天大聲唸出來，時間久了，就能慢慢建立自信心。

接著，開始學習打扮自己。稍微注重臉部保養，會讓自己變得容光煥發。那些覺得自己不好看的負面句子，只會帶給自己壓力。

現在不只是女人，連男人也很注重身材。有些人一有壓力就會忍不住大吃宵夜或暴飲暴食，體重隨之增加後，發現身材大不如前，壓力倍增後又開始暴飲暴食，變成一種惡性循環，於是越來越自卑，對自己更沒自信。

從現在起，我們應該好好愛護自己的身體。就算稍微比以前胖了點，那也是「我的身體」。如果能全然地愛自己，壓力自然會減輕，暴飲暴食的問題也會迎刃而解。

對外表太過在意、太過要求固然不好，但維持適當的體重，對身心健康很重要。尤其過了四十歲後，肌肉越來越少，基礎代謝量也跟著降低，會變成只要稍微多吃一點，就很容易胖的體質。

因此，除了培養適合自己的運動外，也要養成規律進食的習慣。過往的習慣，要馬上改過來並不容易，能循序漸進慢慢努力改變，才是最重要的。一年也好、兩年也好，不間斷持續保養，你會發現自己變得越來越容光煥發。

後記

悲喜交織的四十歲

「悲傷是生活的本質。」

我想，或許只有到了四十歲，才能體悟到這句話背後的真實涵義。過著自我壓抑的生活，有時候是非常痛苦的。當感覺到自己被年齡限制住時，會讓人覺得生活像是被繩索捆綁住一樣。那樣的生活，並不是真正活著，只是苟延殘喘。

然而，即使在悲傷中，也可以讓自己變得幸福。當我們允許自己悲傷，活得「更像個人」，才能懂得同理別人的感受。因此，悲傷並不全然是壞事。

步入四十歲後，我們必須學習，在悲傷中，也能感受到喜悅和幸福，這樣才能讓自己變得更成熟有智慧。

就算是痛苦地想死掉，也仍不放棄，一次又一次地自我突破。沒有自我毀滅，也沒有苛刻自己，而是鼓起勇氣面對。如同逆水行船般，拚命努力划槳。帶著耐心、勇氣、決心前行。

四十歲，正是時候，讓我們學會這些事。

四十年的歲月，並不會這麼輕易地消逝。所有的痛苦、煩悶、開心，經歷過的這些時刻，不會就此不見，正是它們造就了現在的你。所以不需要擔心，怎麼一轉眼就四十歲了？

已經四十歲的你，如果正擔心要如何才能活得更幸福，就表示其實你已經走在幸福的路上了。因為只有想要好好活著的人，才會有這樣的煩惱。在風光明媚的春天，已經在划槳的你，沒有什麼好擔心的。

很多人認為生活是悲傷的。也曾不小心閃過：「要是當年去念那間大學該有多好」、「當時要是沒結婚就好了」這樣念頭。

但走過的路，就不要再回頭懊悔。要明白，正是這些經歷，點亮了你的生命。儘管看起來一事無成，但光是活著，就是最美好的。

無論日子是好是壞，都一樣要繼續過下去。

活到了四十歲的你，生命中的每一刻，即使是悲傷，也都是耀眼璀璨的時刻。我相信未來也會是如此！

HEART
心|視野 心視野系列 063

年屆四十，中年迷路

不安是人生課題未解，重新盤點現狀，找到最值得努力和期待的事

흔들리는 나이 마흔

作　　者　姜善英
譯　　者　鄭筱穎
總 編 輯　何玉美
責任編輯　王郁渝
封面設計　楊雅屏
內文排版　顏麟驊

出版發行　采實文化事業股份有限公司
行銷企劃　陳佩宜・黃于庭・馮羿勳・蔡雨庭
業務發行　張世明・林踏欣・林坤蓉・王貞玉
國際版權　王俐雯・林冠妤
印務採購　曾玉霞
會計行政　王雅蕙・李韶婉
法律顧問　第一國際法律事務所　余淑杏律師
電子信箱　acme@acmebook.com.tw
采實官網　www.acmebook.com.tw
采實臉書　www.facebook.com/acmebook01

ISBN　978-986-507-080-9
定價　320元
初版一刷　2020年2月
劃撥帳號　50148859
劃撥戶名　采實文化事業股份有限公司
104臺北市中山區南京東路二段95號9樓
電話：（02）2511-9798
傳真：（02）2571-3298

國家圖書館出版品預行編目資料

年屆四十，中年迷路：不安是人生課題未解，重新盤點現狀，找到最值得努力和期待的事／姜善英著；鄭筱穎譯. -- 初版. -- 臺北市：采實文化，2020.02
272面；14.8×21公分. --（心視野系列；63）
譯自：흔들리는 나이 마흔
ISBN 978-986-507-080-9（平裝）
1. 自我實現　2. 生活指導
177.2　108022620

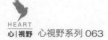

HEART
心視野

HEART
心|視野